人力资源战略与经济发展

崔 敏 马东方 李亚琪 著

哈尔滨出版社
HARBIN PUBLISHING HOUSE

图书在版编目（CIP）数据

人力资源战略与经济发展 / 崔敏，马东方，李亚琪著. — 哈尔滨：哈尔滨出版社，2023.6
ISBN 978-7-5484-7291-9

Ⅰ. ①人… Ⅱ. ①崔… ②马… ③李… Ⅲ. ①人力资源管理—研究 Ⅳ. ①F243

中国国家版本馆CIP数据核字（2023）第100267号

书　　名：人力资源战略与经济发展
RENLI ZIYUAN ZHANLUE YU JINGJI FAZHAN

作　　者：崔　敏　马东方　李亚琪　著
责任编辑：韩伟锋
封面设计：张　华
出版发行：哈尔滨出版社（Harbin Publishing House）
社　　址：哈尔滨市香坊区泰山路82-9号　邮编：150090
经　　销：全国新华书店
印　　刷：廊坊市广阳区九洲印刷厂
网　　址：www.hrbcbs.com
E－mail：hrbcbs@yeah.net
编辑版权热线：（0451）87900271　87900272
开　　本：787mm×1092mm　1/16　印张：11.25　字数：250千字
版　　次：2023年6月第1版
印　　次：2023年6月第1次印刷
书　　号：ISBN 978-7-5484-7291-9
定　　价：76.00元

凡购本社图书发现印装错误，请与本社印刷部联系调换。

服务热线：（0451）87900279

前　言

　　人力资源是一切资源中最为宝贵的资源，是第一资源。当代社会经济发展的实践证明，人力资源的开发、利用对经济发展起着决定性的作用，人的素质决定了效率。人不仅要管理，还必须不断开发、挖掘其潜能，提高其素质。因此，目前在世界范围内，人力资源开发越来越受到人们的重视。

　　随着我国改革开放的不断深入和经济的迅速发展，全球企业的竞争越来越激烈，对企业人力资源战略与规划提出了新的要求和挑战。人力资源战略与规划是企业进行人力资源战略与规划的基础性工作之一。人力资源战略与规划是将企业的经营战略和总体目标转化为现实的人力需求的过程，是各项具体的人力资源战略与规划工作的起点和依据，是今后一定时期内各项人力资源工作得以开展的方向和目标。因此，根据企业所处的环境，客观科学地制订符合企业特点的人力资源战略与规划，在整个人力资源战略与规划活动中占有举足轻重的地位。直接关系到企业经营目标的达成。

　　随着社会的不断发展以及技术的持续更新，我国社会市场经济发展变化必然会越来越激烈，想要确保企业的长远发展，就需要重视人力资源管理工作的创新。 因此，企业在其发展过程中，应当充分尊重市场经济的变化模式，并站在经济可持续发展的立场上，重新定义人资管理模式，通过建立员工牵引机制、制定合理的薪资体系、完善人力资源管理体系、营造良好的企业文化等等，来优化人力资源管理工作内容，从而可以更好地促进经济可持续发展，确保两者相互协调发展，实现良性循环。

目　录

第一章　人力资源与经济发展概论 ··· 1
- 第一节　人力资源概述 ··· 1
- 第二节　人力资本的含义与特性 ·· 9
- 第三节　人力资本与经济发展 ·· 12
- 第四节　人力资本研究现状 ··· 14
- 第五节　人力资源管理现状与发展趋势 ·· 17
- 第六节　人力资源管理与企业建设的关系 ··· 20

第二章　人力资源管理工作 ·· 21
- 第一节　人力资源规划 ··· 21
- 第二节　员工招聘与录用 ·· 23
- 第三节　员工绩效考核 ··· 24
- 第四节　薪酬管理 ··· 26
- 第五节　员工培训与开发 ·· 28
- 第六节　员工激励 ··· 33

第三章　企业组织建设 ·· 35
- 第一节　企业组织与架构 ·· 35
- 第二节　企业组织形式 ··· 38
- 第三节　企业组织建设与创新 ·· 41

第四章　战略性人力资源运行系统 ·· 44
- 第一节　员工与企业的三对基本 ··· 44
- 第二节　矛盾主体的新变化 ··· 46
- 第三节　基于战略的人力资源运行系统 ·· 48

第五章　人力资源战略制订 ·· 53

第一节　人力资源战略制订概述 ·· 53
第二节　人力资源战略的类型 ·· 57
第三节　人力资源战略的选择 ·· 62

第六章　人力资源管理战略与规划 ·· 68

第一节　工作分析 ·· 68
第二节　职务设计 ·· 71
第三节　人力资源规划 ·· 83
第四节　人员招聘 ·· 100
第五节　人员的选聘 ·· 116

第七章　人力资源战略与规划的制订和实施 ····································· 122

第一节　人力资源战略的形成模式 ·· 122
第二节　人力资源战略的制订 ·· 125
第三节　人力资源部门参与企业战略制订 ·· 127
第四节　人力资源战略与规划的制订和实施步骤 ···································· 130
第五节　人力资源战略与规划的主要内容 ·· 132

第八章　人力资本的价值确定 ·· 137

第一节　人力资本的价值理论 ·· 137
第二节　人力资本投资 ·· 140
第三节　人力资本计量与定价 ·· 143
第四节　人力资本价值实现 ·· 146

第九章　经济增长方式与人力资源开发 ·· 148

第一节　概述 ·· 148
第二节　人力资源对经济增长的作用 ·· 154
第三节　粗放型经济增长方式下的人力资源开发 ···································· 157
第四节　集约型经济增长方式下的人力资源开发 ···································· 168

结束语 ·· 172

第一章 人力资源与经济发展概论

第一节 人力资源概述

一、人力资源的含义与特征

（一）人力资源的含义

经济学把可以投入生产中创造财富的生产条件通称为资源。世界上的资源可分为若干种类，如物力资源、财力资源、信息资源、时间资源、技术资源、人力资源等。在所有的资源中，人力资源是第一资源。

1. 人口资源

人口资源是指一个国家或地区的人口总体，即全部的自然人。任何一个国家和地区，都存在一定数量的人口，它是人力资源的自然基础，其主要表现是数量概念。

2. 人力资源

人力资源是指全部人口中具有劳动能力的人。人力资源的概念有狭义与广义之分。狭义的人力资源是指具有劳动能力的劳动适龄人口；广义的人力资源是指劳动适龄人口再加上超过劳动年龄仍有劳动能力的那部分人口。总之，人力资源是指能够推动整个经济和社会发展的具有智力劳动和体力劳动能力的人口的总称，它包括数量和质量两个指标。

3. 劳动力资源

劳动力资源是指一个国家或地区有劳动能力并在"劳动年龄"范围之内的人口的总和。它是就人口资源中拥有劳动能力并且进入法定劳动年龄的那一部分而言，它偏重于劳动者的数量。

劳动力资源起始年龄的确定，主要依据人的生理发育特点。通常，人长到十五六岁就可以参加社会生产劳动，对生长发育不会带来不良影响。同时也考虑到教育制度的阶段性。上限年龄的规定，一是根据人的生理特点，二是与退休制度相联系。一个国家的人力资源就是根据这样的年龄界限，扣除劳动年龄范围内丧失劳动能力的人，加上劳动年龄之外实际上参加劳动的人数计算出来的。

有劳动能力的人，简称劳动力。从人力资源理论的角度看，人力资源不能等同于劳动力资源，前者的范围更广，而且强调了人的可开发性，强调其蕴含的巨大潜在能量。

如果从狭义方面出发，人们有时认为人力资源就是劳动力资源，从人力资源管理的角度分析是顺理成章的。如果从人力资源开发的角度看，主要是提供源源不断的高素质的劳动者，因而，人力资源更突出质量，是质量和数量两者的统一。劳动力资源则是从管理的角度出发，而人力资源是从开发的角度出发。

（二）人力资源的特征

经济资源通常可以分为自然资源（水资源、矿藏资源、森林资源、土地资源……）、物质资源（原料、材料、燃料、设备、设施……）、人力资源等。人本身单纯地作为劳动力存在，也是自然对象，是物，不过是活的、有意识的物。正是由于人是一种特殊的物质存在，因此，与其他物质资源相比较，具有自己鲜明的个性特征。

1. 人力资源的再生性

人力资源具有再生性，体现在以下几个方面：

（1）人口的再生产。人口的再生产遵守一般的生物规律，老一代人逝去，新一代人又陆续出生，而且素质会提高。当然，人口再生产还受人类意识的支配。这种人力资源时序上的再生性，与耕地、矿藏等资源的不可再生性且数量的递减形成明显反差。

（2）劳动力的再生产。通过人口总体和劳动力总体内各个个体的不断更换、更新和恢复的过程得以实现。

（3）劳动能力的再生产。一是指人的劳动能力不断使用，不断产生；二是指人的劳动今天消耗了脑力或体力，明天会再生出来。能力不断培养，不断提高。

2. 人力资源生成过程的时代性

一个国家或地区的人力资源，在其形成过程中，受到时代条件的制约。人一生下来就遇到既定的生产力和生产关系的影响和制约，当时的社会发展水平从整体上影响和制约着这种人力资源的素质，他们只有在时代为他们提供的条件和前提下，才能发挥他们的作用。一个国家和地区社会经济发展水平不同，人力资源的素质也就不一样。任何人力资源的形成，都不能摆脱当时社会文化水平的制约。

3. 人力资源开发过程的能动性

与其他资源相比较，人力资源具有目的性、主观能动性、社会意识性和可激励性。而自然资源在被开发的过程中，完全处于被动的地位，如森林、矿藏、土地、水利等。人力资源则不同，人力资源在被开发过程中，具有能动性。即人类具有自我调控的功能。因此，人类在从事经济和社会活动时，总是处在发起、操纵、控制其他资源的位置上，也就是说，人类能够根据外部的可能性和自身的条件、愿望，有目的地确定经济活动的方向，并根据这一方向，具体选择、运用外部资源或主动适应外部资源。所以，人力资源与其他被动生产要素相比较，是最积极、最活跃的生产要素，居于主导地位。

另外，人力资源的能动性，还表现在对其积极性、能动性调动的程度，直接决定着其开发的程度和达到的水平。人力资源的开发，要靠政策、制度、感情、信任、待遇等各种因素去激发和调动其能动性。

4. 人力资源使用过程的时效性

自然资源，例如矿藏、森林、石油等一般都可以长期储存，储而不用，品位不会降低，数量也不会减少。但人力资源则不同，长期储而不用，就会荒废、退化、过时。人的才能和智慧的发挥有一个最佳的时期和年龄阶段，一般说来，25~45岁是科技人才的黄金年龄，37岁是其峰值。医学人才的最佳年龄一般会后移，这是由其研究领域的业务性质决定的。战国时期的赵国名将廉颇，曾是一名叱咤风云的骁将，但是当他走过人生军事才能最佳发挥期之后，人们只能发出"廉颇老矣，尚能饭否"的哀叹。大器晚成者终是少数。这就告诫人们：开发人力资源必须及时，开发使用的时间不一样，所得的效益也不相同。

5. 人力资源开发过程的持续性

自然资源、物质资源一般只有一次开发或二次开发，一旦形成产品使用之后，就不存在继续开发的问题了。例如：铁矿石被开发炼成铁或钢，制成产品后铁矿石就不存在了；煤燃烧后，也就不存在了；森林的树木被开发制成产品后，也就不存在开发的问题了。

人力资源则不同，人力资源的使用过程同时也是开发过程，而且这种开发过程具有持续性。人力资源的使用过程本身，就是一个不断开发的过程。在不发达的国家，传统观念和做法是：学校毕业后进入工作阶段，开发与使用界限分明，于是形成了两种理论，即"干电池理论"和"蓄电池理论"。所谓"干电池理论"就是把人生分成两段，前半段主要是学习，就是做"干电池"，学校毕业就相当于"干电池"做完了，人力资源与经济发展然后参加工作，即"干电池"放电发亮。但是，"干电池"里的电量毕竟有限，很快就会用完。于是，新的理论——"蓄电池理论"应运而生。"蓄电池理论"认为，人的一生是不断学习，不断充电的一生，而且，释放与储存成正比，若要更多地释放，必须更多地储存。所以，人力资源可以而且应该不断地开发，持续地开发，才能不断增值。

6. 人力资源闲置过程的消耗性

一般说来，物力资源不开发，不使用，也不具有消耗性。例如：地下的矿产、原始森林，若不开发就不会消耗。人力资源则不同，人力资源若不加以开发使用，处于闲置状态，它们仍然有消耗性，即为了维持其本身的存在，必须消耗一定数量的其他自然资源，比如食物、水、能源、住房、医疗费等。所以，人力资源即便不使用，仍然还在消耗。也就是说,人力资源必须消耗资源,以维持自己的生命。

7. 人力资源的流动性

自然资源有的可以流动,如水资源、风力资源等,但这种流动是一种纯自然流动。人力资源的流动性不同,它有以下两个特点:

(1) 人力资源的流动,首先表现在跨岗位、跨单位、跨地区,甚至跨国家的流动上,而且多表现为"人往高处走"的特点。

(2) 人力资源的流动,还表现在人力的派生资源即科技成果在不同空间的流动上。随着科技成果的逐渐商品化,人力资源在空间上的流动,越来越频繁与活跃。

8. 人力资源的可塑性

人力资源在使用的寿命期内,通过接受不同方式的再教育和知识、经验的不断积累,其素质会产生量的变化,甚至会产生质的变化。特别是在技术更新频繁的现代社会,人力资源这种素质的可塑性更具有重要的现实意义。

9. 人力资源功能的共用性

一个零部件只能安装在某一台设备的特定位置上发挥特定的功能,其功能的发挥具有一定的凝固性。而人力资源则不同,一个人可能同时为多个单位服务,从事几种不同的工作。例如,在我国已经出现了一些杰出的管理人才同时出任多家企业法人代表的典型。作为人力资源派生的科学技术成果,功能上的共用性更为明显。

二、人力资源的数量与质量

人力资源作为一种经济范畴,具有量的规定性和质的规定性。人力资源作为一定人口总体中的有劳动能力的人口的总和,其总量表现为人口资源的平均数量与平均质量的乘积。

(一) 人力资源的数量

人力资源的数量是构成人力资源总量的基础,它反映了人力资源的量的特性。没有人力资源的数量,也就谈不上人力资源的质量。

1. 人力资源的绝对数量和相对数量

人力资源的数量可以用绝对数量和相对数量两种指标来表示。人力资源绝对数量和相对数量又都有"潜在"和"现实"两种计算口径。

(1) 人力资源的绝对数量

人力资源的绝对数量可以用被考察的国家或地区具有劳动能力的人口数量加以计算。为此,各国都根据其国情对人口进行劳动年龄划分。在劳动年龄上下限之间的人口称为劳动适龄人口。在劳动适龄人口之内,存在一些丧失劳动能力的病残人口;在劳动适龄人口之外,也存在一些具有劳动能力、正在从事社会劳动的人口。在计算人

力资源数量时,应该对这两种情况加以考虑。根据这一计算方法,一个国家或地区人力资源应包括下述八个部分:

a:处在劳动年龄之内,正在从事社会劳动的人口,又称为"劳动适龄就业人口"。

b:尚未达到劳动年龄,而实际已经从事社会劳动的人口,又称为"未成年就业人口"。

c:已经超过了劳动年龄,实际上仍在从事社会劳动的人口,又称为"老年就业人口"。

以上三部分相加,构成人力资源的主体,又称为就业人口,用公式表示,即:

$$就业人口 = a+b+c$$

d:处于劳动年龄之内,有能力、有愿望参加社会劳动,但实际并未参加社会劳动的人口,又称为"求业人口"(通常称为"待业"人口)。

求业人口加上就业人口,国际上通称为"经济活动人口"或"现实人力资源"。

用公式表示,即:

$$经济活动人口(现实人力资源)=a+b+c+d$$

e:处于劳动年龄之内的就学人口(各种大、中专在校学生)。

f:处于劳动年龄之内的在军队服役的人口(现役军人)。

g:处于劳动年龄之内的家务劳动人口。

h:处于劳动年龄之内的其他人口。

以上四部分人口,并未构成现实社会劳动力供给,因此称为潜在人力资源,用公式表示,即:

$$潜在人力资源 = e+f+g+h$$

综上所述,一个国家的人力资源,就是现实人力资源与潜在人力资源之和,又称为人力资源的绝对数量,用公式表示,即:

$$人力资源 = 现实人力资源 + 潜在人力资源 =(a+b+c+d)+(e+f+g+h)$$

于是,人力资源的概念,可以具体描述如下:一个国家的人力资源是该国人口中,劳动适龄人口减去其中丧失劳动能力的人口,加上劳动适龄外具有劳动能力的人口。

(2)人力资源的相对数量

人力资源的相对数量可以用人力资源率来表示,公式如下:

$$人力资源率 = \frac{被考察范围内人力资源人口}{被考察范围内的总人口} \times 100\%$$

一个国家人力资源绝对量的大小,是反映一个国家国力的重要指标。一个国家人力资源的相对数量则表明该国人均人力资源拥有量。作为一种相对国力的表示,它可以用来同其他国家进行比较,反映出一个国家的发展程度及更深层次的社会经济特征。

2. 影响人力资源数量的因素

（1）人口总量及其再生产状况

人力资源来源于人口的一部分。因此，静态分析人力资源数量取决于人口总量，动态分析人力资源数量的变化取决于人口自然增长率的变动。而人口自然增长率的变化又取决于人口出生率和死亡率的变化。在现代社会中，人口死亡率处于低水平的稳定状态。所以，人口总量和人力资源的数量，主要取决于人口出生率水平及其人口基数。当然，从人出生到成长为劳动力之间存在一定的时间差。因此，通过人口数量变动来预测人力资源量的变动时，必须考虑这一因素。

（2）人口年龄结构及其变动

人口年龄结构对人力资源数量的影响表现在两个方面：一方面，在人口总量既定条件下，人口年龄结构的变化直接决定了人力资源的数量，即：

$$劳动适龄人口 = 总人口 \times 劳动适龄人口占总人口的比重$$

另一方面，劳动年龄组内部年龄构成的变动，制约着人力资源内部构成的变动。

调节人口年龄构成，需要在相当长的时间内通过对人口出生率和自然增长率的调节来实现。

（3）人口迁移

人口迁移由许多原因造成，主要原因有以下三个方面：

①从农村向城市流动，从不发达地区向发达地区流动。

这类流动的主要原因是目前的收入差距和未来预期收入的最大化目标，以及在城市和发达地区的就业概率。另外，城镇的文化精神生活、新鲜感以及亲朋好友的吸引等非经济因素也是产生流动的一个原因。

②人口迁移与人们的流动能力（知识、技能、健康、财富等）的强弱有关。

从理论上说，经济落后、失业率高的地区，对人口流动的驱动力应该最强。但实际统计数字表明，即使是在完全市场经济条件下，人口迁移不存在任何行政或其他人为干扰，经济落后和失业，同流动的相关性仍然是不明显的。这是因为，尽管经济落后、失业率高的地区，对人口流动的驱动力最强，但这些地区的人力资源的质量也最低，以致相当一部分人实际上没有流动的愿望与可能。

③国际人口迁移。

国际人口迁移的主体通常都是成年人，而且一般都掌握着某种专业技术或专长，甚至拥有一笔财富。对于流入国而言，外来人力资源有利于它们的发展，增强了它们人力资源的存量；而对于流出国而言，却是人力资源的流失，一般弊大于利。这是因为，流出国损失了它投入的人力资本，影响其国内生产总值的增长。所以，限制专业人才外流是发展中国家普遍采取的一项保护本国、本民族利益的措施。

（二）人力资源的质量

人力资源的质量与构成人力资源的单个劳动力的素质相关。这是一个国家（或地区）的劳动力素质的综合反映。

劳动力的素质由劳动者的身体素质与智能素质构成。这两个方面又可以进行多层次分解。体质有先天体质（优生优育的结果）和后天体质（营养供给和体育锻炼的结果）之分。智能素质有传统的经验和现代科学技术知识两个方面，就现代科技知识而言，又分为一般文化和专业知识两部分，后者又有理论素养和操作技能的区别。劳动者的积极性和心理素质是劳动者发挥其体力和脑力的重要条件，因此，它也是决定人力资源质量的重要因素。

劳动者的身体素质是决定劳动者质量的自然基础。智能的形成除了要有自然基础之外，还要有后天的培育开发。

生产力发展史表明，人力资源中智能因素的作用逐渐提高，体质因素的作用逐渐相对降低；智能因素中，现代专业科学知识和技术能力的作用不断上升，传统经验和劳动技能的作用不断下降；就现代专业科学知识和技术能力而言，存在着"老化"与"更新"速度不断加快的规律性。同这一趋势相适应，劳动者的类型大致发生以下变化：体力型→一般文化型→较高的一般文化型→专业技术型在这个链条中，最初是全凭体力的文盲和科盲的劳动者，他们同原始手工工具相联系；接着是以体力为主，具有粗浅的一般文化的劳动者，他们同半手工机械技术相联系（这是一般文化型的第一种情况）；接着是具有较高的一般文化型，体力已不占主要地位的劳动者，他们同机械技术相联系（这是一般文化型的第二种情况）；最后是以专业技术为主，基本上摆脱了体力劳动的劳动者，他们同当代和将来的自动化技术相联系。

（三）人力资源数量与质量的统一

一个国家和地区人力资源丰富程度不仅要用数量来计量，而且要用质量来评价。人力资源质量的提高是人力资源开发的核心和关键所在。特别是在社会生产力从延续了千百年的体力化阶段向第一次产业革命的智能化阶段过渡之时开始，劳动者的智力开发因素的重要作用表现得特别明显。国内外学者认为，人力资源的质量及其培训，是新技术革命条件下最迫切的问题，也是当代面临的最严峻的挑战。

对于发展中国家来说，人力资源的质量作为投资环境中一个越来越重要的因素，对于引进资金起着关键作用。这是因为，外资项目中大都具有相当水平的高新技术，没有高素质的管理者和操作者，便无法使之运转起来。人们常说，劳动者是生产力诸因素中起决定作用的因素。实质上，更准确地说，人对生产力的强大影响其实是智力的影响，而智力在一定程度上又是科学技术的一种存在形态。离开了科学技术及人的智能，人在大自然面前是微不足道的。数量庞大而科学文化技术素质低下的劳动力大军只能从事传统的、低效的、简单的劳动，很难形成发展经济的重要源泉和推进现代化的主体力量。而且，过多的低素质的劳动力不但不能看作是"丰富的资源"，反而会成为国际竞争和未来发展的十分沉重的负担。这是因为：

（1）文盲和愚昧有着很强的复制性、自循环性，文盲常常繁殖着文盲，愚昧往往扩散着愚昧。

（2）庞大的剩余劳动力和失业人口不仅对食品、衣物等供应产生持续性压力，而且还不断地强化对投资和积累的约束力，从而形成恶性循环，使短缺的生产基金更加短缺，匮乏的教育经费更加匮乏。

（3）在一定条件下，他们为一时所迫还会成为经济发展中的破坏性力量。例如，盲目拓荒，砍伐森林，滥捕幼鱼，草原过度放牧，对矿物资源的掠夺性开采，从事严重污染环境的土法冶炼等，都直接威胁到民族的长期生存环境。这些破坏性活动的共同特征，就是过多的、低素质的劳动力不断堆积的结果。

三、人才资源

（一）人才资源的概念

人才资源是指人力资源中素质层次较高的那一部分。当今大众传播媒介和传播领域中，"人才"二字使用的频率越来越高。细加考察，人才概念的含义各不相同。大致归纳有以下六种含义：

（1）"人才"即德才兼备者。

（2）"人才"即人的才能。

（3）"人才"是指人的相貌。

（4）"人才"即中专及中专以上的毕业生。

（5）"人才"是指以其创造性劳动，为社会发展和人类进步做出杰出贡献的人。这里主要是指人的杰出性、非重复性和非一般性。

（6）"人才"是指专门人才（专业人才），是专门人才（专业人才）的简称。

人才预测部门和人事工作部门使用的人才概念即指专门人才。根据国家人事部的有关文件精神，专门人才概念包括具有中专或中专以上学历者和具有技术员或相当于技术员以上的专业技术职务（职称）者两类人。

人们常说的"人才规划""人才预测"，就是指专门人才的概念。专门人才是一个可以界定的概念，只要具备上述两个条件之一，就是专门人才。但这个概念显然把一些人界定在外了。例如，一些具有重大贡献的人，是人才，但可能不是专门人才，或是专门人才也可能不是人才。画家齐白石没有文凭和技术职称；爱迪生只读到小学三年级；高尔基没有上大学，他们都不是专门人才，但他们都是了不起的人才。所以，专门人才和人才含义不同。专门人才的界定便于研究问题,谁是人才谁不是人才,一清二楚。这样的界定肯定会把一部分人排除在外,但从宏观讲,不碍大局。人们常说的人才开发,既包括人才,也包括专门人才。人才资源与人力资源存在如下关系:任何一个国家和地区,都存在着一定数量的人口,人口是人力资源的自然基础,而人才则是人力资源中层次较高的一部分。

随着社会的进步和社会成员素质的不断提高,原有的人才概念已经不适应新形势的需要。根据新的形势和我国的实际情况,本节认为对于人才概念的界定应该是具有一定的知识和技能,能够进行创造性的劳动,在工作中取得显著业绩和做出积极贡献的人。这个概念强调不唯学历、不唯职称、不唯身份、不唯资历,而唯能力和业绩。

第二节 人力资本的含义与特性

一、人力资本的概念

大部分学者都接受舒尔茨的人力资本定义,即人力资本是体现于人身体上的知识、能力和健康。但有的学者对这个概念做了更深入的探讨:

一是认为人力资本分初级和高级两个层次。前者是指健康人的体力、经验、生产知识和技能。后者是指人的天赋、才能和资源被发掘出来的潜能的集中体现。

二是认为人力资本具有不同的生产力形态,提出了异质型人力资本和同质型人力资本的概念。前者是指在特定历史阶段中具有边际报酬递增生产力形态的人力资本。后者是指在特定历史阶段中具有边际报酬递减生产力形态的人力。

三是从个人和群体角度对其下定义,前者指存在于人体之中、后天获得的具有经济价值的知识、技术、能力和健康等质量因素之和;后者指存在一个国家或地区人口群体每一个人体之中,后天获得的具有经济价值的知识、技术、能力及健康等质量因素的整合。

舒尔茨从不同的角度对人力资本下过定义,其要点是:

第一,人力资本表现为人的能力和素质,即人力资本是内含于人本身的知识和技能的存量,它体现在四个方面:体质、智力、知识和技能、道德。如果说人的体力和智力主要体现了人的一种先天素质,那么知识、技能和道德素质则是通过后天努力获得的,它是先天素质的改善和提高。这四方面的素质越高,人力资本的含量越大,所具有的生产能力也越大。

第二,人的素质既定后,人力资本表现为从事工作的总人数以及劳动市场上的总工作时间。

第三，人的能力和素质是通过人力投资而获得的，因此人力资本又可理解

成是对人的投资而形成的资本。从货币形态看，它表现为提高人力和各项开支，主要有保健支出、学校教育和在职教育支出、劳动力迁徙支出等。

第四，既然人力是一种资本，无论是个人还是社会，对其投资必然会有收益。因此人力资本是劳动者时间价值收入提高的最主要源泉。

上述可以理解为：人力资本，就是指知识、技术、信息与能力同劳动力分离，成为独立的商品参加市场交换，且这种交易在市场交换中占主导地位的条件下由投资而形成的高级劳动力。对人力资本的这个定义，应从三个方面去理解：

第一，人力资本是活的资本，它凝结于劳动者体内，表现为人的智能(智力、知识、技能)、体能，其中真正反映人力资本实质的是劳动者的智能。

第二，人力资本是由一定的投资转化而来，没有费用的投入就不会获得人力资本。

第三，劳动者拥有的人力资本价值，可以通过生产劳动转移交换而实现价值增值。

二、人力资本与传统资本的异同

人力资本作为企业中资本的组成部分具有一切资本所既有的共同性质。人力资本是企业一定时期所拥有和控制的资本，企业虽无法像购买其他资本那样取得人力资本的所有权，但企业可获得人力资本的使用权，企业有权在一定时间内安排职工从事生产工作，通过支付一定工资报酬的形式获得劳动者的劳动。

投入企业生产的人力资本可为企业带来利润，对于企业来说就具有获利的能力。企业的生产过程本质上是企业物质资本与人力资本结合的过程，产品的价值中包含转化其中的人力资本价值。马克思在《资本论》中就指出，利润来源于工人的剩余劳动价值。从现代企业实际的角度看，人力资本的获利性正以知识对企业利润增长的乘数效应发挥作用。

人力资本还具有不同于一般资本的特征。首先，表现在企业一旦获得物质资本便可运用三种基本的资产评估方法估算其价值，而人力资本在一定时点对于企业的价值则受诸多方面的影响，其中最典型的莫过于劳动者的主观意愿因素，它是影响人力资本实际价值的重要因素。知识水平、生产技能等客观条件相同的劳动者由于劳动意愿的不同，产生的结果也不同，会对企业形成不同的价值。在管理激励不当的情况下，人力资本的价值往往得不到充分的利用。

其次，人力资本具有增值性。企业取得一般资本后，由于时间因素的影响或使用过程的有形损耗，资本价值将不断降低。人力资本虽然也存在知识老化的风险，但人力资本在一定时期可以通过自身的学习保持资本价值，更重要的是，在一定条件下也

有可能大大超越原有价值，即实现资本自身的增值，这是一般资产所不具备的。

人力资本价值的实现较多地依赖群体的整合。良好的企业文化和群体协作将带来较高的现实价值，其价值高于单个资本价值的简单相加，产生 1+1>2 的经济效果。并且，人力资本的创造力在知识经济时期的表现，将大大超过非人力资本。

三、人力资本的特性

人力资本有如下特性：

(1) 人力资本是一种无形的资本。人力资本是一种潜在的资本，通过使用而在生产劳动中体现出来。如果不能参加劳动，人力资本是无法发挥作用的。

(2) 人力资本具有时效性。人力资本的形成与使用都具有时间上的限制。

人是具有生命周期的，不同的时期，人力资本的特点和作用不一样，发挥的效能也不同。年轻的时候记忆力好、精力旺盛，但经验不足；年纪大了，经验丰富，但精力有限。所以在人力资本的使用上，不得不考虑时效性。

(3) 人力资本具有收益递增性。人力资本和其他资本一样，是要求有收益的，而且其收益在所有的资本中所起的作用也越来越大。正如舒尔茨所认为的，人力资本经济的价值正在上升，而使劳动相对于土地和其他资本的作用日益扩大，很可能会带来新的制度变革。

(4) 人力资本具有个体的差异性。众所周知，一个人所受的教育、家庭环境、成长经历不同，从而会造成个体心理、意识、思想甚至行动的不一样，而这些就是人力资本的重要组成部分，它们是不同的。因此，要针对不同的人安排不同的工作，使人力资本得到合理的应用。

(5) 人力资本具有能动性。人类是有意识的，在行动之前会认真思考，有意识地认识世界，有意识地改造世界，同时改造自身。

(6) 人力资本具有积累性。在现实的生产活动中，各种物质资本会因为使用而磨损（贬值），使用越久，强度越大，磨损程度越高。人力资本也不例外，但人力资本磨损后可以通过补充营养（或者增加休闲）来得以补充和恢复，而且通过这种磨损还可以增加经历，实现人力资本的"保值和增值"。

(7) 人力资本具有无限的创造性。人力资本和物质资本相结合能够创造无限的价值。人类社会之所以发展，科技之所以进步，全靠人类自身的创造性。

第三节　人力资本与经济发展

一、从人力资本的要素和效率的生产功能来分析其对经济增长的机理

人力资本是决定经济增长的重要因素，关键在于它具有特殊的生产功能。

从生产过程角度看，它具有要素和效率两个方面的生产功能。前者是指人力资本是生产过程必不可少的先决条件和投入要素。后者是指人力资本是提高生产效率的关键要素，其途径是：

(1) 人力资本投入的增加可以提高人力资本自身的生产效率。

(2) 人力资本一方面直接对经济增长做出贡献，同时它又通过促进科学和技术进步来促进经济增长，科学和技术进步依赖人力资本的提高，而技术进步是人力资本规模收益率不下降或者提高的根本原因。可见，经济增长依赖于科学和技术的进步，同时也依赖于人力资本的增加。

二、从人力资本的知识效应和外部效应来分析其在经济增长中的作用机制

人力资本的知识效应包括知识进步的需求效应、收入效应及替代效应三个方面。知识进步的需求效应是指在经济发展中有用的新知识要求新形式的物质资本，或者是要求新的劳动技能，甚至这两者都十分需要。人力资本投资知识收入效应是指受过教育、培训具有更多知识与能力的人具有更高的生产力，因为他们具有更高的分辨力，能随时随地抓住投资获利的机会。人力资本的知识替代效应首先表现在我们能够通过知识的进步来增加资源，人力资本在各种要素间相比较，其补充和替代作用已经变得越来越重要了。正是知识的替代效应，可以克服经济发展中自然资源、物质资本与"原生劳动"的不足，保持经济的可持续发展。知识的替代效应还表现在人力资本可以产生递增的收益，消除了物质资本等要素边际收益递减对经济长期增长的不利影响。

人力资本概念的提出，将资本分割为两类：物质资本与人力资本，在人类社会发展的不同阶段，它们对经济增长的作用是不同的。在社会经济发展比较落后的阶段，经济的增长主要依靠物质资本的投入而增长，物质资本在经济增长中起着决定性作用。而当人类社会经济发展到一定阶段，物质资本在经济增长中的作用相对减弱，人力资

本在这一阶段后对经济增长的作用不断增大。

首先,人力资本的提高可以节省投入到生产过程中的劳动力数量,并使劳动力与物质资本更为有效地结合起来,从而提高生产效率。人力资本的积累促使劳动者素质提高,从而增加了劳动的复杂程度,使劳动者投入到生产中的劳动质量提高,在劳动力数量不变的情况下,投入到生产中的总劳动量是增长的,这样,劳动创造的价值就更多,从而推动生产的发展,促进经济增长。另一方面,人力资本积累促使劳动者素质提高,劳动者素质的提高使劳动者能够更有效地使用和改进各种复杂的机器设备,更大程度上发挥出物质资本的作用,实现生产过程中人与物的有机结合,从而也促进了和平增长和经济发展。

其次,丰富的人力资本能够在世界范围内吸收和组合各种生产要素来弥补本国资源的不足,从而更有效地推动经济的发展。当今世界是一个开放的世界,经济一体化趋势日益加深,一国所具有的资源、资本、技术对于其经济的发展并不是最重要的。一个后起国家,只要注重人力资本积累,拥有大量的具有较高素质的劳动者,就能够消化和吸收世界上的先进技术,就能够在更大程度上和范围内引进国际资本,充分利用这些技术和资本来为本国的经济发展服务。因此,国际上掠夺资源、市场和殖民地的重要性,已相对让位于人才竞争、知识竞争、高新技术发展的竞争,即让位于人力资本存量和质量提高的竞争。

第三,人力资本的积累是科技进步的首要体现者和第一推动力。科学技术是第一生产力,这个第一生产力首先体现在科学技术人才方面。没有大批的科技人才,科学技术的发明、创新和使用都不能有效进行,科学技术不能充分发挥其作用,更得不到进步,而人力资本的积累是造就大批科学技术人才的基础。人力资本的提高推动了科技发展和经济的快速增长。

第四,人力资本的提高为产业结构调整创造了必要条件。经济发展与一国的产业结构状况密切相关,适合经济发展的产业结构将会极大地促进经济发展,反之则会阻碍经济发展。因此,世界各国的产业结构调整将随着经济发展的步伐而加快,大规模的劳动力将从第一产业中游离出来,涌向第二、第三产业。劳动力巨量流动,在转移过程中需要大面积、大幅度地提高劳动者素质,以适应新的岗位需要,促使产业结构得到顺利调整。

第四节 人力资本研究现状

一、人力资本理论原因

1. 时代形势变化的要求。工业社会正向知识经济转变，知识、人力资本的重要作用在新的时代背景下突显出来，由此探讨新经济背景下的经济增长问题，尤其是人力资本在经济增长中的重要作用及发展趋势，已成为时代要求的课题。

2. 国内改革的压力和困境的要求。我国目前的改革正处于攻坚阶段，许多改革措施采取以后都少有成效。制约各方面发展的症结和经济效益不高等弊端最终集中到一点上都与落后的经济增长方式有关。我国明确认识到关系全局的两个根本性转变。在计划经济向市场经济转变的过程中，我国的经济结构已发生了变化，卖方市场已经变成买方市场，目前在买方市场条件下寻求经济持续增长的途径，在人力资本的开发利用中促进科技进步，是改革中迫切需要解决的问题。

在探索经济增长源泉和动力成为研究热点的大环境中，我国经济理论界广泛开展有关人力资本理论的研究，并获得了较快的进展。理论的进展表现在：

第一、引入、分析和评价人力资本理论的研究趋于成熟，人力资本促进经济增长的重要作用得到了普遍认同；

第二、在运用定性方法分析我国人力资本问题的基础上，借鉴新经济增长模型，尝试建立我国的人力资本经济模型。尽管取得相关数据和资料十分困难，仍在做从定量的角度测算人力资本对经济增长的促进作用的工作，并有积极成果；

第三、人力资本开发和利用微观方面的研究，也取得一些进展。

从我国近期人力资本理论研究取得的进展中我们可以看出，这些进展主要是评析性和微观性的，而对人力资本宏观层次上的研究则显得滞后。可以说，直到目前，仍没有对人力资本理论体系完整的研究。这说明一个问题：我国人力资本理论研究进展的取得和我国理论研究积极跟随西方的理论研究步伐分不开。理论研究与西方的差距在逐步缩小，但从总体上，我国的人力资本理论研究仍没有跃出西方人力资本理论研究的范式，没有创新和自己独特的视角。这是造成人力资本宏观层次上研究滞后的根本原因。

根据不同要素在经济增长中的重要作用和贡献不同，西方经济增长理论依次经历了"物质资本决定论"、"科学技术决定论"、"人力资本决定论"和"制度决定论"几个阶段。不同的发展阶段，强调经济增长的决定因素不同。"物质资本决定论"强调资本积累是经济增长的决定因素。"制度决定论"总结了把制度作为外生变量的缺陷,强调了在经济增长的要素中制度因素的关键作用,认为其他各要素的不同都是制度的不同决定的。

二、多种理论同时并存

从经济增长理论发展背景的视角来分析,我国人力资本理论的研究现状比较复杂,发展阶段的几种理论同时存在,基本上处于物质资本与人力资本关系不清、技术决定论与人力资本决定论两者相混淆、人力资本决定论与制度决定论两者相脱节的阶段。

第一,人力资本与物质资本在概念和观念方面关系不清。人力资本与物质资本关系不清,主要表现为人力资本与物质资本在概念和观念方面的混淆。对资本的含义缺乏深刻认识,仍沿用物质资本对资本的狭隘理解,没有相应拓展对人力资本中资本的新认识。似乎人力资本就是在原来物质资本的基础上,把物质改为人力两字,"人力"加上"资本"了事。因此不仅人力资本的实质含义没有搞清,而且在内容和特征上也没有搞清。由于西方理论没能统一的人力资本概念和确切的、普遍认同的人力资本含义,中国引入西方对人力资本概念的理解,使人力资本概念本身的含义更加混乱。从表面上看,不同的概念似乎能区别,但实际上是混用的。如人力资本与人力资源、劳动力相混淆,对其特征、含义研究区别得不够。目前的一种趋势是,在国内的文章中,除了研究微观企业管理的内容,其他只要涉及劳动力和人力资源的地方必称为人力资本,似乎为了赶时髦,讲人力资源是赶不上时代的,而且把人力资本与人力资源混为一谈,前面讲的是人力资源,后面就成了人力资本,各自的理论也不分,似乎两者是一个词。还有的甚至把人力资本与"以人为本"的观念混为一谈。

第二、人力资本研究与技术决定论互相混淆。在目前的人力资本研究中,明显带有人力资本决定论和技术决定论的痕迹。表现在有的学者主张人力资本决定论,仅强调人力资本是经济增长的决定因素,而排除其他因素,片面强调在生产力中发挥人的主体作用的重要性。有的学者主张技术决定论,在对知识经济的看法上,忽视人力资本的作用,简单、肤浅地把知识经济看成就是发挥知识、科技进步的作用,而没有看到人力资本在科技进步中的基础作用,明显带有技术决定论的痕迹。有的学者在认识人力资本促进经济增长的同时,将人力资本研究与科学技术决定论混淆,主张科学技术决定论,片面强调科学技术在经济增长中的重要性,认为科学技术是经济增长的关键,片面理解"科学技术是第一生产力",将其绝对化,认为人力资本的作用就是科技进步的作用,使人力资本研究带有技术决定论的痕迹。

第三、人力资本研究与制度决定论互相脱节。我国人力资本研究与制度研究是脱节的,而且表现得很明显。我国理论界一方面对人力资本进行热烈讨论,越来越重视对人力资本理论的研究。另一方面，以科斯和诺思理论为代表的制度决定论研究在我国十分流行，推崇、主张和论证制度决定论的学者越来越多，但没能将经济增长发展阶段的两个部分问题联系起来深入分析，从制度角度对人力资本的形成和配置进行专门研究基本上还是空白。两部分的研究基本上处于分离状态，互不相干。

人力资本研究与制度决定论的脱节使人力资本理论研究长期没有新突破、新进展。两者脱节，关系不明确，使人力资本研究仅限于分析历史，就事论事，有变成对策研究的倾向，缺乏深层次研究和理论发展的机会。而制度决定论本身又太绝对、忽视其他影响因素，而缺乏分析基础和应用缺陷。

与上述人力资本理论研究现状三个方面的表现相对应来分析产生这些问题的深层原因有如下几方面：

其一人力资本研究与物质资本在概念和观念方面混淆的原因。这里实质的问题涉及对资本内涵的理解。对人力资本的理解仍沿用物质资本对资本的理解内容，说明仍然过分重视物质资本，对人力资本与物质资本的区别和人力资本不同于物质资本的独特性缺乏认识，因此对人力资本重视不够。

问题涉及的并不单单是一个概念的问题，而是包含在其背后的观念问题。从西方的理论研究方面，我们吸收了一些有益的东西，对人力资本研究逐步重视，也跟在后面进行了一些研究，但从本质上，仍沿用传统理论对人力资本的理解，表明从观念上似乎没能完全转移过来。

新的时代发展使经济增长出现了新的概念、新的发展阶段。资本的内涵从物质扩展到人，需要解决的问题是重新来审视资本的内涵简单地把人和资本的概念相加，仅把涉及劳动者的地方改为人力资本。在知识经济时代，物质资本不再是最稀缺的经济要素，知识、人力资本在一定程度上取代了它的重要位置。资本雇佣劳动，还是劳动雇佣资本是一个需要重新思考的问题。时代变化使保持资本雇佣劳动关系的可能性降低了。因此人力资本应有更丰富的内涵。

其二、人力资本研究与技术决定论互相混淆的原因。人力资本研究与技术决定论互相混淆的原因，一方面，仅认识到人力资本的重要作用，而没有把人力资本促进经济增长的内在机理搞清，仍把人力资本外生于生产过程，当作一种偶然的、外在的、上天赋予的因素，没有了解人力资本作用于经济增长的深层本质。另一方面，科学技术和人力资本在经济增长中的地位、影响及作用没有明确界定开，在分析中有时是混在一起的。比如人力资本与知识、智力资本的含义不清。人力资本与科学技术决定论，两者之间的关系没有搞清楚，尤其内在的机理、作用的差异，比如知识、技术促进经济增长的机制是什么，人力资本在其中起什么作用，这些都没能搞清楚，缺乏对人力资本和技术进步内在关系与机理透彻而严密的分析。

其三、人力资本研究与制度决定论互相脱节的原因。在西方，人力资本研究与制度研究是脱节的，我国的人力资本理论研究承袭了西方研究的这个弊端。

舒尔茨、贝克尔对人力资本的分析，由于人力资本含义的限制，将其作为外生变量，使发展停滞不前。到八十年代新经济增长理论的出现，将人力资本作为内生变量纳入生产函数，为人力资本的研究提供了新的方法。虽然不同的派别看法不一致，有些派别已看到了制度的重要。总体上说，西方人力资本理论是把制度视为给定的，作为外生的变量看待。我国的人力资本理论也是对制度如此处置，缺乏新的视角来分析。时代和理论的发展又迫切要求和呼唤新的发展契机。我国的人力资本理论尽管在发展，但仍停留在从具体政策入手，如鼓励创新、尽力开发人力资本方面，在一定程度上可以说很难深入。

另一方面，以科斯和诺思为代表的制度学派的出现使经济增长理论发展到了新阶段。但表现在经济增长问题上，对制度的研究，并不是在人力资本的研究基础上对人力资本理论的发展，而是脱开了人力资本的研究范围，以否定人力资本的作用为前提，总结一直忽视制度或把制度作为外生变量的缺陷，强调了在经济增长的要素中制度要素的决定作用。中国理论界由于诺思的制度论对制度转型有一定的解释力，不论论证什么问题，不管恰当不恰当，都要先引用诺思的论点，然后再进行分析。

第五节 人力资源管理现状与发展趋势

一、人力资源使用中的问题

（一）缺少长远规划，人才配置不当

任何成功企业的核心问题都离不开制订企业发展的长远战略规划，其中包括人力资源战略规划。美国的微软，日本的索尼、松下以及德国的奔驰、大众等世界知名企业都是如此。由于有了战略规划，所以能够胸怀全局，对人力资源进行科学规划与部署，做到面对风浪，应对自如。

现今我国的不少企业，包括国有企业与民营企业均缺乏系统的人力资源发展战略规划，致使要么人浮于事、效率低下，要么出现人才断层，落入人才危机的陷阱。一些民营企业家只相信自己的管理经验，缺乏现代人才观念，对引进的人才也是心存戒备，不敢放手，怕他们翅膀硬了，跳槽走人。在人才使用上，多是自己一人说了算，没有建立起引才、用才科学机制，极易导致用人失误。

人力资源配置不当，将导致企业内耗严重。我国的企业存在的问题有：有些领导班子成员之间不团结，工作上不是互相支持，而是互相拆台；部门与部门之间的工作

相互脱节或相互扯皮。尤其是实行家族化管理的企业，用人唯亲而不是用人唯贤，因人设岗而不是因事设岗，急功近利而适得其反.企业内部凝聚力低下，人力资源利用效率必然低下。

职工的才能与岗位不匹配，是因为缺少科学的人才测评手段。由于没有做工作分析，致使工作岗位职责、工作任务及岗位对职工的要求不清楚.一个普遍存在的问题是，往往在招聘阶段就很难达到"人岗匹配"。人才招进来之后，又忽视对其培训开发，使得问题很难解决。

（二）分配机制不透明，员工利益受损害

很多组织在员工利益分配方面缺乏公开、公平、公正的机制。即使有些企业为吸引人才，制定了一书系列薪资福利制度，但由于缺乏科学合理的绩效考评体系及与之配套的措施，或是薪资福利制度本身就存在缺陷，并不能确保人才在其付出智慧和劳动后得到适当的经济利益报偿，从而使这一制度流于形式，起不到科学使用人力资源的作用。有的民营企业为了防止员工流失，故意拖欠员工工资，致使员工利益受到损害。

（三）育人机制不理想，职业发展受阻

很多民营企业虽然认识到了人才的重要性，但是对人才的培养都没有信心。因为他们辛辛苦苦培养出的人才，最终"跳槽"到了其他企业，甚至成为竞争对手。这就造成了很多企业不再愿意培养人才，放弃了这种"为他人做嫁衣"的行为，对人才采取了随取随用的态度。这样，员工对自己未来的职业发展道路不明确，加之劳资双方契约关系不规范，缺少相应法律约束力，这就给员工的随意流动提供了土壤。

如果企业只是为了满足自身单方面利益招聘员工，而不能给予员工适当的职业生涯发展指导和保障，员工也仅仅是将企业作为实习的基地和积累经验、资历的平台，是奔向下一个目标的"跳板"，很难沉下心来将"工作"当成"事业"来做，双方都是各取所需，而不去谋求长远，那么，就很难达成相互信任、协调发展、互利共赢的局面。

（四）文化建设滞后，组织凝聚力不强

有些民企老板一提到"企业文化建设"时，就振振有词地说，他的企业在文化建设方面已经如何重视并加大了投入，认为只要有了职工活动中心，配备一些器材就足够了，就算有了自己的企业文化，这种观念也是落后的。企业应该在价值追求、经营理念、制度建设、目标方针等方面对职工进行积极引导.要孕育企业轴心文化，力求得到广泛认同。只有目标一致时，人才之间才会有共同语言，才能进行更好的协作。

二、人力资源资本化的趋势

在我国的生产要素中，物质资源、自然资源、技术与管理等不占优势，唯独劳动

力资源充足，占世界的21%(中国教育与人力资源问题报告课题组，2003)。但我国人力资源素质偏低，2000年我国25～64岁人口平均受教育年限为7197年，与1999年的美国、日本相比，整整少了近5年，与世界平均水平少3年(范禄燕、贺红，2003)。据2002年统计，目前全球共有约8亿文盲，而我国文盲绝对数8507万，其中2000万左右为15～50岁的青壮年文盲，居世界第二位(李斌、吕诺，2003)。可见，要把人口负担转化为人力资源优势是我国21世纪的头等大事，如果不能化劣势为优势，那么21世纪中期，我国现代化建设目标就难以实现。

而对一个组织而言，其拥有的资源大致有四种：物资设备资源、财政资源、技术资源和人力资源。人力资源作为组织的基本要素，实际上就是指能够提升组织生产力的人员总和。在知识经济社会里，关键的资源资本是人力资本，人力资源管理最重要的发展趋势就是人力资源资本化。

1. 人力资本成为核心经济资源。不同的时代都有自己的核心经济资源。农业经济时代，土地是核心经济资源；工业经济时代，物质资本是核心经济资源；知识经济时代，人力资本成为核心经济资源。

2. 人力资本成为首要的财富和资本。知识经济时代，知识成为价值的主要源泉，产品和服务的价值主要由脑力劳动创造。与此相联系的是社会财富的分配将发生一次大转移，从以资本为轴心转向以知识为轴心。

3. 人力资本成为经济运行的根本基础。作为社会的主体，人的因素从来都是经济运行和发展的动力。但只有到了知识经济时代，以智力和知识为主的人力资本才成为经济运行的根本基础和发展动力。

4. 人力资本成为经济可持续发展的关键因素。到了知识经济时代，由于科学技术高度发展，经济增长主要依靠知识投入而不是自然资源和物质资本的投入，经济增长将完全集约化。只有到了这个时候，经济发展才能真正实现可持续化。

5. 人力资本成为竞争制胜的根本法宝。竞争是经济发展的重要动力。人力资本的存量和质量将成为"核心竞争力"。国家与国家之间、企业与企业之间的竞争越来越表现为科技和人才的竞争。成功属于那些较他人更有效地思考、学习、解决问题和采取行动的人。综观当今世界的产品市场，智能化产品，高技术产品大放异彩，这是知识的较量，是智慧的对抗。哪个组织的员工拥有更多知识，哪个组织就能在竞争的市场上取胜。由此可见，人力资本已经成为经济发展的重要资源，成为推动经济增长的主要动力。

第六节　人力资源管理与企业建设的关系

科学的人力资源管理绩效评价制度对于国内企业的整体发展所起到的作用是至关重要的，通过建设高质量、系统的企业人力资源绩效评价制度对于国内企业未来更好地发展，同样会起到至关重要的作用。通过针对国内企业人力资源管理在绩效评价方面的发展应用进行必要的研究分析，不难发现，目前国内企业人力资源管理制度的绩效评价体系整体还存在较多的问题：首先，目前国内关于企业人力资源管理制度中的绩效评价体系的专业性研究数据相对有限；其次，长久以来我国企业针对人力资源管理之中的绩效评价制度重视程度存在明显的不足。基于此，本文针对国内企业人力资源管理绩效评价方面展开相关研究，提出解决相应问题的对策，以期达到促进国内企业发展壮大的目的。

以企业总体战略目标为出发点，满足企业科学全面可持续发展需求。企业经营战略是企业的行动指南，企业的一切管理活动都必须围绕经营战略展开，如果仅从个体和企业的角度设计培训体系并不能满足企业需要的。确保培训与开发同企业的总体目标紧密结合；通过科学化、具体化、操作化的需求分析，保证培训内容、方式、课程与企业总目标紧密联系，防止培训流于形式，应以企业发展战略为导向。

以企业人力资源规划为指导，应对企业面临变化的环境。员工培训与开发的目的是满足企业目前和未来的经营管理对员工的要求，只有清楚认识到企业内部和外部环境的变化，才能解决面临的问题。人力资源规划是对这些环境变化进行科学性的预测和分析，以此制定出正确、可靠、清晰、有效的人力资源策略，保证企业对人力资源的需求如期实现。同时，培训与开发也是为使员工满足企业战略目标的需要，调整与企业目标要达到的要求之间的差距。人力资源规划作为企业的战略目标，在资源保障和配置上，即在人力资源供需方面进行了分解，这是战略与计划之间的中间环节，也是应对企业内外部环境变化的有力举措。因此，培训与开发管理体系的建立把人力资源规划作为指导性纲领来确定需要培训的岗位、岗位需要的人力资源，然后通过工作分析、人物分析明确岗位的职责所在，把现有人员的素质与企业规定的标准进行对比，找到差距所在，以明确培训的需要。这也是以战略为导向的企业培训与开发管理体系不同于传统培训体系所在。

第二章 人力资源管理工作

第一节 人力资源规划

　　人力资源规划有宏观与微观之分。前者是社会范畴的事情，后者是组织内部的事情。本书论述的重点放在后者，也就是组织的人力资源规划上。人力资源规划是组织管理中一项十分重要的战略性管理职能。如果是企业，则是根据自身的经营业务、组织架构等内部因素，以及政治、经济、社会和法律等环境因素，还有未来可能的发展趋势的综合考虑而制订相应的规划，目的在于帮助企业减少未来的不确定性，将资源集中到与组织目标相一致的经营活动中，使目标更容易实现。换言之，企业的各项管理工作都需要在规划的指导下进行。人力资源管理同其他管理活动一样也须制定规划。

　　然而随着"互联网+"、大数据概念的兴起，整个社会经济形态发生了一定的改变，企业各项经营活动都面临着全新的挑战，人力资源规划的制定更是如此。本章主要介绍企业人力资源规划的含义与方法、人力资源规划过程中存在的缺陷和问题以及如何运用大数据的方法改进人力资源规划。

　　什么是人力资源规划？人力资源又称劳动力资源或劳动力，是指能够推动整个经济和社会发展、具有劳动能力的人口数量的总和。在经济学上，把为了创造财富而投入于生产活动中的一切要素统称为资源，包括人力资源、物力资源、财力资源、信息资源、时间资源等，其中人力资源是一切资源中最宝贵的资源，是第一资源，包括数量、质量、结构等多个方面。人力资源最基本的内涵是体力和智力，从现实应用这个角度看，人力资源包括体质、智力、知识和技能四个方面。人力资源与其他资源一样，也具有可开发性、时效性、增值性等特征。

　　通常来说，人力资源的数量等于具有劳动能力的人口数量，其质量指经济活动人口具有的体质、文化知识和劳动技能水平。一定数量的人力资源是社会生产的必要的先决条件。

　　从宏观上看，充足的人力资源有利于生产的发展，但其数量要与物质资料的生产相适应，若超过物质资料的生产，不仅消耗了大量新增的产品，而且多余的人力也无法就业，对社会经济的发展反而产生不利影响。经济发展主要靠经济活动人口素质的提高，随着生产中广泛应用现代科学技术，人力资源的质量在经济发展中将起着越来越重要的作用。

规划是对未来整体性、长期性、基本性问题的思考和设计。规划具有综合性、系统性、时效性、强制性等特点。一个合理的规划，需要准确而实际的数据支撑，目标具有针对性，数据具有精确性，依据具有充分性。

人力资源规划，从时间上划分，可以分为长期规划（5年以上）、短期规划）（1年及以内），以及介于两者之间的中期计划。从内容上划分，有组织人事规划、制度建设规划、员工开发规划．从类别上划分，可分为预警式规划和反应式规划。预警式人力资源规划，需要仔细预测未来的人力需要，并事先有计划地满足这些需要；反应式的人力资源规划，是当企业发生人力资源需要时再做出相应的反应行为。

人力发展主要包括人力预测、人力增补及人员培训，这三者紧密联系，不可分割。人力资源规划，一方面对目前人力现状予以综合评价分析，以及时掌握本企业的人事动态；另一方面对未来人力需求做出必要的预测，以便对企业人力的增减进行全面考虑，再据以制订人员增补和培训计划。因此，人力资源规划是人力发展的基础。

事实上，只有极少数企业人力资源的配置完全符合理想的状况。在绝大多数企业中，总是存在一些人的工作负荷过重，而另一些人则工作过于轻松的不平衡状态；在工作安排中，由于没有恰当地考虑工作能力与工作内容的匹配性，会导致一部分人感觉自己的能力有限，工作中存在极大的压力，而另一些人则感到能力有余，未能充分利用，造成人力的浪费。人力资源规划可改善人力分配的不平衡状况，进而谋求合理化，以使人力资源能配合组织的发展需要。

任何组织的特性都是在不断追求生存和发展，而生存和发展的主要因素是人力资源的获得与运用。也就是如何适时、适量及适质地使组织获得所需的各类人力资源．由于现代科学技术日新月异，社会环境变化多端，如何针对这些多变的因素，配合组织发展目标，对人力资源恰当规划甚为重要。

影响组织用人数目的因素很多，如业务类别、技术革新、机器设备、工作制度、人员能力等。人力资源规划可对现有的人力结构进行分析，找出影响人力资源有效运用的"瓶颈"，促进人力资源效能充分发挥，降低人力资源在成本中所占的比率。

人力资源规划主要有两种方法：定量法和定性法。

定量法又称"自上而下"法，它从管理层的角度出发，使用统计和数学方法，多被理论家和专业人力资源规划人员所采用。定量法把雇员视为数字，以便通过量化性别、年龄、技能、任职期限、工作级别、工资水平以及其他一些指标，把员工分成各种群体。这种方法的侧重点是预测人力资源短缺、剩余和职业生涯发展趋势，其目的是使人员供求符合组织的发展目标。

定性法又称"自下而上"法，它从员工角度出发，把每个员工的兴趣作为主要考虑因素，把员工的能力和愿望与企业当前和未来的需求结合起来，受过培训、从事咨询和管理开发的人力资源管理人员通常使用这种方法。该方法的侧重点是评估员工的绩效和晋升可能性，管理和开发员工的职业生涯，从而达到充分开发和利用员工潜力的目的。

第二节 员工招聘与录用

一、人力资源招聘的含义与方法

招聘是指通过多种技术手段，把具有相应品德能力的人吸引到企业空缺岗位的过程。应聘对象可以是内部或外部的人员，招聘的一个重要标志是要有招聘信息，如内部招聘时的工作布告和外部招聘时的报纸广告等。这些招聘信息旨在寻找到合适的人选。因此，多数情况下，应聘人员都对工作岗位有一定的兴趣并拥有所要求的资质。一旦应聘者和招聘方之间达成协议，那就意味着招聘过程的结束。

作为一项重要的管理职能，招聘与其他人力资源管理职能存在密切的关系。简单地说，人力资源规划规定了招聘的目标，即招聘方所要吸引的人员数目、类型和质量，而工作分析既决定了对特殊人员的需求，也向招聘者提供了将要用到的工作岗位描述。此外，能否向招聘人员提供较高报酬和福利，在一定程度上决定了招聘的难易。最后，招聘还与选择有密切的联系，因为两者都是雇佣过程的组成部分。

总之，招聘是补充员工的主要渠道，是企业增加新鲜血液、兴旺发达的标志之一，它对企业的人力资源管理具有重要意义。

二、招聘工作在企业人力资源管理中占有首要地位

1. 识别招聘需求

招聘工作一般是从招聘需求的提出开始的。招聘需求通常是由用人部门提出的。一般来说，公司会根据一定时期的业务发展情况制定人员预算，因此招聘的需求通常是在人员预算的控制之下的。但是实际工作的需要和业务的变化也会导致人员需求的一定变化，这些需求变化情况往往需要用人部门和人力资源部，根据对实际情况的分析做出决定。

2. 明确职位内容

招聘需求确定后，需要用人部门和人力资源部共同确定所聘职位的工作职责和任

职要求。这样才能保证招聘工作更具有针对性。

3. 选择招聘渠道

要根据职位的不同、职位空缺的数量、需要补充空缺的时间限制等因素综合考虑，选择最有效而且成本合理的招聘渠道。招聘渠道通常有外部招聘和内部招聘两种。外部招聘主要包括在报纸、招聘网站发布广告，参加招聘会，委托中介或猎头机构，校园招聘等方式；内部招聘则是在公司内部展开，由内部员工推荐人选或鼓励自荐。当然，也可以采取员工晋升或职位轮换补充空缺等方法。

4. 人员的选拔与评价

通常来说，获得的候选人数量会多于所要聘用的人数，那么就需要对这些候选人进行选拔，以便择优录取合适的人员。人员选拔评价的方法很多，首先要对简历进行筛选，其次有面试、能力与个性测验、情境性测评、知识技能考试、评价小组方法等多种方式，可以根据实际需要选用。

5. 人员的录用

对于经过选拔评价，符合职位要求的候选人，需要与之确定雇佣关系，包括工资待遇、职位、到职时间等具体条件，另外，通常会要求被录用的人员参加体检。如果候选人的各方面情况都符合录用要求，那么就可以办理正式的入职手续。

第三节 员工绩效考核

一、什么是人力资源考核

人力资源考核即绩效考核（性能检查），是一项系统工程。人力资源考核的定义是：组织在既定的战略目标下，运用一定的标准和指标，对员工过去的工作行为以及取得的工作业绩进行评估，并运用评估的结果对员工将来的工作行为和工作业绩产生正面引导的过程和方法。

明确这个概念，可以明确绩效考核的目的及重点。组织在制订发展规划、战略目标时，为了更好地完成这个目标，需要把目标分阶段分解到各部门，最终落实到每一位员工身上，也就是说每个人身上都有任务．绩效考核就是对组织人员完成目标情况的跟踪、记录、考评与改善。人力资源考核是组织在发展中必备的管理职能，对于企业而言具有重要的现实意义。首先是衡量员工是否称职的重要管理工具，能够提前发现思想、意识、能力素养不达标的职工，以做好事前控制准备工作。其次是能够有效地进行人才发掘，选拔出对工作有激情、有能力的好员工，并将其合理安排到更加重要的工作岗位之中。最后是通过绩效考核的结果，对员工实行正确的奖惩，起到激励作用。

二、人力资源考核的内容

人力资源考核包括业绩考核和行为考核两大部分。业绩考核主要考核员工在组织业务上的绩效；行为考核主要考核员工行为上是否规范，是否符合组织文化和规章制度。绩效考核的内容在国内外有所不同。绩效管理与绩效考核不同，它不仅包括考核环节，而且从管理角度提升了考核的眼界与层次。

目前，国内具有一定代表性的意见认为，绩效管理是一系列以员工为中心的干预活动。它包括三个环节，分别是目标设计、过程指导、考核反馈。

1.目标设计。目标设计既包括作为结果的目标设计，如数量、质量、成本、时间等，也包括作为行为的目标设计，主要指员工在工作中表现出的态度、努力程度和能力等胜任特征。目标设计主要是针对具体的工作岗位职责而设计，但也要考虑组织的发展目标及部门目标，使它们之间建立紧密地联系。

2.过程指导。过程指导强调的是考核之前管理者对于员工的具体激励、反馈和辅导。这充分体现了绩效管理以人为本，关注员工的发展与进步。在激励阶段，强调的是非正式激励的途径和方法。在反馈阶段，强调不仅要考虑正面反馈的方法，而且要考虑负面反馈的方法。在最后的辅导阶段，强调管理者，特别是基层管理者要针对员工的行为表现进行及时的纠正、示范和培训，对于出现的困惑进行辅导咨询。

3.考核反馈。考核涉及结果和行为两个方面。结果考核比较容易操作。

三、绩效考核的作用

1.绩效考核是人员任用的依据

在组织发展过程中，存在部分不求进取、思想觉悟较差的员工，他们从根本上影响组织的健康有序运行，同时也对工作积极性高的员工，造成思想认知方面的影响，认为"多干与少干都无太大区别，没有人能够对自己的努力给予肯定"，逐渐出现岗位懈怠。但通过绩效考核效能的发挥，可以有针对性地对每一位员工做出综合评价，发现每个人的专长及工作能力，从而做出合理的人员。任用及配置。

2.绩效考核是员工职务调整的依据

随着科学技术的进步，企业对专业人才的重视程度也得到了提升，领悟到岗位用人应做到扬长避短，尽可能地发挥员工的长处。而通过考核可以从不同方面准确地收集到员工工作信息，如工作成就与态度、技能的娴熟程度以及理论深化程度等。通过考核，并通过对此类信息的大数据分析，可以做出哪个人应该调整到哪个位置的人岗匹配建议，实施岗位、职务调动。这样，既能够做到适才适用，又能够增加企业效益。

3. 绩效考核是员工培训的依据

绩效考核的结果运用，包括了发现员工短板，以便有针对性地实施员工培训。培训实际上是一种有效的人力资本投资。获得这种投资的人，能够增长某个方面的才能，从而适应某个岗位或更高岗位的能力需求。

4. 绩效考核是确定奖惩的依据

在现代企业管理中，薪酬是工作分析、工作定价的结果，但是奖惩是绩效考核的结果。如果一个人连续若干年考核等级都是优秀，那么就应该理所应当地得到奖励和晋升，因为事实证明他能胜任工作且工作很优秀。反过来，如果一个人连续两年或两年以上考核等级都是不称职，那么，这个人就属于要么离开岗位，要么受到处罚的对象。考核的功能之一就是展现人的能力与绩效的差异性、区别性，从而决定此人的进退去留。

5. 绩效考核是促进员工成长的重要手段

员工从进入企业的那一刻起，公司便有义务满足其在企业中的成长需要。因此，制订科学合理的人才成长计划，也是一个公司规范化运作的体现。而绩效考核作为规范企业员工行为的重要保障，自然也成为员工成长的利器。通过绩效考核，可以帮助员工制订职业发展规划和良好的成长计划，强化自身专业技能的娴熟度，积累经验，逐渐成长为一个优秀的企业精英人才。

第四节　薪酬管理

一、薪酬的目标管理

薪酬的目标管理方面以人为本的管理理念，推动企业发展的主目标是员工，因此企业要想发展就必须要满足员工的客观需求，企业应主动地站在员工的角度上思考，在进行目标管理方面时，可以通过访谈以及调查问卷等方式收集员工的需求，同时企业要派出相关人员根据员工的要求进行实际考察，甄别性的选择员工的薪酬发放要求，一方面要做到不损害企业的利益，一方面要最大化的实现员工的要求。

二、薪酬的水平管理

企业薪酬的水平管理重点是要建立起与企业内部符合市场以及员工客观能力的管理水平。薪酬的水平管理应该根据员工绩效、能力水平等进行考核，可以建立起岗位评估体系来确定岗位薪酬水平，建立新的岗位薪酬体系。从行业环境、企业发展、员工能力、任职资格等角度，确定各个要素的权重，然后指导进行岗位的统一化评价。并且要按照评价的相关标准建立新的信息水平发放制度。另外，对于专业型和技能型的岗位薪酬要建立基于技能和能力的宽带薪酬体系，以满足特殊人才的评价需要。

三、薪酬的体系管理

薪酬体系管理作为企业薪酬管理的重要形式不仅包括基础工资、绩效工资，还包括如何给员工提供福利、自我升值空间和就业能力的管理等。薪酬作为企业与员工共同重点关注的问题，员工希望通过自己的努力来得到薪酬提升的报酬，而企业则希望通过调整薪酬来让员工更加努力为企业创造效益，正是基于该发展状态下，奖金应运而生。奖金作为激励员工进行价值创造的工具，是绩效考核的一种重要表现形式，企业在建立薪酬体系中应该建立起绩效考核体系，同时引入绩效薪酬，来完善薪酬体系的构建。需要注意的是薪酬体系构建时应根据个人工作完成情况以及岗位职责工作表现来决定，以此来建立起极具针对性的个性化薪酬管理体系。

四、薪酬的制度管理

薪酬制度管理方面笔者重点强调的是薪酬决策的公开化和透明化连个概念，薪酬决策向所有员工的公开化和透明化是推动制度执行的重要能容，其中包括管理薪酬制度、薪酬管理的预算和控制体系等。制度化管理强调的是薪酬发放及薪酬设计思路上的管理，制度管理方面应该秉承的是公平的管理水准，企业内部在进行薪酬发放管理时要做到让企业内部员工高度认可，建立其员工工作水准与薪酬成正比的制度，这是一方面。另一方面，薪酬方面的制度化管理要与企业制度管理相互协调及对应，薪酬制度管理方面应该根据企业发展概况进行设置，制度的执行要有具有一定的弹性化，要融合行业的发展以及公司的发展概况进行薪酬制度上的调整，充分利用薪酬杠杆调节制度，激发员工的内在活力。

企业良好的薪酬管理模式能够为企业发展提供源源不绝的动力，因为员工与企业的最大的绑定线就是薪酬的发放，公平、公正且透明化的薪酬管理制度更是企业发展的核心，企业内部要认清薪酬科学化、规范化管理的重要性，从根源上激发员工的工作潜力。

五、薪酬管理的意义

可以提高企业组织运作效率。影响企业的组织运行因素有很多，而薪酬管理就是其中重要的一个因素，因此，企业加强对薪酬的科学管理能够提高企业组织运作效率。

如有的企业给某一员工的薪酬待遇已经不低，但由于企业内部薪酬差距不合理，使员工有内部不公平的感觉，最终导致员工产生了抵触情绪，从而降低企业组织的运作效率。所以通过研究薪酬管理，设计科学合理的薪酬体系，使员工之间有效合作，可以提高企业组织的整体运作效率。

可以提高员工的工作积极性。影响企业员工工作积极性的因素有很多，其中薪酬是影响员工工作积极性的最直接因素，所以，对企业薪酬管理制度的研究最重要的一个目的就是提高员工的劳动积极性。一套科学合理的薪酬方案能使员工有较好的内部公平感，其薪酬待遇水平具有较强的社会外部竞争性，同时又能给员工施加一定的工作压力，员工能够从中体会到多劳多得和干好干坏不一样的感觉，有积极上进的工作欲望。同时，员工希望通过出色的工作表现来获得提升或提高薪酬待遇，企业可以抓住这一点来持续保持员工的劳动积极性。

可以吸引和留住企业所需的人才。科学、合理的展开薪酬管理，不仅能够提高员工的价值，并且还能够使员工的才能发挥到最大，使员工满足企业给的薪资待遇，感受到自身的发展前景，通过对薪酬合理的管理可以最大限度地激励员工，从而促进企业人力资源的发展。所以，有效的薪酬管理能吸引和留住企业所需的人才，为企业发展提供有利条件，有利于促进企业的发展。

第五节　员工培训与开发

一、人力资源的培训与开发体系

培训与开发是现代组织人力资源管理的重要组成部分。组织发展最基本，也是最核心的制约因素就是人力资源。适应外部环境变化的能力是组织具有生命力与否的重要标志。要增强组织的应变能力，关键是不断地提高人员的素质，不断地培训、开发人力资源，现代组织的管理注重人力资源的合理使用和培养，代表着一种现代管理哲学观的用人原则：开发潜能，终身培养，适度使用。组织通过培训与开发的手段，掌握用人的原则，推动组织的发展。与此同时，帮助每一位组织成员很好地完成各自的职业发展道路。因此，培训与开发带来了组织与个人的共同发展。培训与开发是人力资源管理的基本核心。任何组织的管理，只要是涉及人员的聘用、选拔、晋升、培养和工作安排等工作，都离不开培训与开发。特别是对于那些适应现代化发展需求的企业和组织来说，更是如此。

一般意义上的培训指各组织为适应业务及培育人才的需要，采用补习、进修、考察等方式，进行有计划的培养和训练，使其适应新的要求不断更新知识，更能胜任现职工作及将来能够担任更重要职务，适应新技术革命所带来的知识结构、技术结构、管理结构等方面的深刻变化。

培训开发的必要性体现在以下方面：首先，培训是员工迎接新技术革命挑战的需要。从本质上说，新技术革命在改变着社会劳动力的成分，不断增加着对专业技术人员新的需求。对员工进行培训，是避免由于工作能力较低而不适应新兴产业需要引起的"结构性失业"的有效途径。其次，培训是员工个人发展的需要，是使员工的潜在能力外在化的手段。通过培训，一方面使员工具有担任现职工作所需的学识技能；另一方面希望员工事先储备将来担任更重要职务所需的学识技能，以便一旦高级职务出现空缺即可预见以升补，避免延误时间与业务。此外，培训亦可解决知识与年龄同步老化的问题。再次，培训是解决学能差距的需要。学能差距是指工作中所需要的学识技能与员工所具有的学识技能二者之间的差距，亦即岗位现任规范与实际工作能力间的差距。这种差距就应进行培训开发来补足。

培养与开发是指组织通过培养、训练手段来提高员工的工作能力、知识水平和潜能发挥，最大限度地促进员工的个人素质与工作需求相一致，从而达到提高工作绩效的目的。

培训与开发是在组织或个人的职业需求基础上产生的。其内涵可用公式表示为：培训与开发的需求＝需到达到的工作绩效＋当时实际的工作绩效。

（一）培训开发体系

培训体系通常以各阶层培训和各职能培训（专业培训）作为基础而建立起来。这里的各阶层培训，是指对经营及管理的各阶层（上层、中层、基层）而进行的培训。一般可分为：经营干部培训，管理、监督人员培训，中层骨干员工培训，新员工培训。另外一种重要的培训是各职能培训，它是对于经营管理的各职能（例如：业务、生产、人事、财务、研究开发等）而进行的培训。这一点我们可以采取各部门培训或者各阶层培训等方式来进行。换个说法，可以认为：各阶层培训是组织中的纵向培训，各职能培训是组织中的横向培训。

各阶层培训要对组织中的各阶层的作用和机能加以要求，为了圆满并且充分发挥培训的作用，必须依照必要的知识和技术来进行。要求各阶层的作用和机能，当然会因各职能层的情况而将有所不同。经营干部层是战略机能，管理、监督层是战术机能，一般员工是实施机能。这里有一点需要说明，阶层越往上，对他们要求的抽象度越高，更关心将来的事。相反，阶层较低的话，对他们的要求将主要集中在具体的并且是实际的事项上。

因此，在制定培训计划、决定采取何种方式进行培训时，一定要对各阶层的要求充分考虑，避免培训的盲目性。各职能培训是指：依各项任务将组织分为纵向层次，为适应组织的职能，而有必要展开培训的做法。换个说法，也就是各专业的实务培训。

各阶层培训是对应于各阶层、基于共同的需求在横向的方面建立项目；与此相对应，各职能培训是在履行各自职务的基础上以提高必要的专门知识和技能为目的的培训项目。当然，在各职能培训中也有必要区分一下阶层。例如虽说从事同一业务，但这里既有新员工，又有中层骨干和专门经营人员。不过因为要求他们各自的知识和技能不同，培训需求也不同。因此，严格地讲，一般各职能培训也叫"各职能阶层培训"。

（二）培训开发种类

员工培训的种类很多，大体上可分为职前培训、在职培训及非在职培训等三种。第一种培训又可依其性质与目的不同再分为若干类。

1. 职前培训

职前培训指组织对新进员工分配工作前进行的培训，又可分为：

（1）一般性的职前培训。主要目的是使新员工了解本组织的一般情况。如组织内部各部门的职权，组织的简史、主要政策，今后发展方向及员工的权利义务与责任等，以增强员工对本组织的了解与信心。

（2）专业性的职前培训。主要目的是使新进员工切实掌握处理业务的原则、技术、程序与方法，以便在培训结束后即能胜任新的业务工作。

2. 在职培训

在职培训是一种常见的培训方式，员工在培训期间多为带职带薪。在职培训按照培训对象的不同又可分为共同性培训与专业性培训。在职培训按其性质和目的的不同，又可分为以下几类：

（1）补充学能培训，指通过培训，对员工执行现任工作所需学识技能中的欠缺部分予以补充，目的在于使其胜任现职，增进效率。参加此种培训者均为现职员工。依其培训课程不同，又可分为技能培训、学识技能培训及行政管理培训等。培训过程可采取由有经验的员工或技术主管担任指导，亦可为特定的需要举办实习培训。

（2）人际关系培训。指各组织为新进员工对人际关系的了解，增强员工相互间的合作、团结及和谐所进行的培训。依其主要课程不同，又可分为人群关系培训、意见沟通及领导统御培训等。

（3）运用智慧思考培训。指各组织为解决有关问题指定部分员工聚合在一起，激励参加的员工高度运用智慧与思考，群策群力，提出处理问题的策略、程序与方法，以协助领导解决问题。这种培训又可分为解决问题培训、创造力培训、激荡脑力培训、模拟培训、激发意愿与发挥潜能培训等。

在职培训的优点很多，如培训者所需花费的时间和精力较少，不需额外的教学设备，学习期间亦能从事生产工作，短期内无需更动日常工作等。

二、培训开发的过程与方法

（一）培训开发的过程

组织关于人力资源的培训开发计划，是以对需要的分析为依据的。针对现任职人员，它考虑的是目前职务对现职人员的要求。他的实际工作成绩与要求达到的成绩之间的差距，就是个人的培训需要。针对新选拔出来的人员，下一个职务的要求与他们现有的才能之间的差距，就是其个人的培训需要，这两方面的个人培训需要，构成了组织培训计划的主体。此外，组织还要根据对未来组织内外环境变化的预测，来确定对未来主管人员的要求，这些要求作为未来组织发展的需要，在现在也应纳入培训计划，因此，这部分内容也是组织培训计划的重要组成部分。接下来，就是对主管人员的正式培训，培训的方式有两种，一种是在职培训；另一种是脱产培训，可以在企业内部或外部进行。最后考核评审培训的结果。

（二）培训的方法

1. 理论培训

这是提高主管人员管理水平和理论水平的一种主要方法。尽管主管人员当中有些已经具备了一定的理论知识，但还需要在深度和广度上接受进一步培训。这种培训的具体形式大多采用短训班、专题讨论会等，时间都不是很长，主要是学习一些管理的基本原理以及在某一方面的一些新进展、新研究成果，或就一些问题在理论上加以探讨，等等。理论培训有助于提高受训者的理论水平，有助于他们了解某些管理理论的最新发展动态，有助于在实践中及时运用一些最新的管理理论和方法。为了能够尽可能地理论联系实际，提高受训者解决实际问题的能力，德国的一些培训中心的做法，可供我们借鉴。他们在对主管人员进行培训时，实行一种称之为"篮子计划"的方法。即在学员学习理论的基础上，把一些组织中经常遇到并需要及时处理的问题，编为若干有针对性的具体问题，放在一个篮子里，由学员自抽自答，进行讨论，互相启发和补充，以提高对某一个问题的认识和处理能力。

2. 职务轮换

职务轮换是使受训者在不同部门的不同主管位置或非主管位置上轮流工作，以使其全面了解整个组织的不同的工作内容，得到各种不同的经验，为今后在较高层次上任职打好基础。职务轮换包括非主管工作的轮换，主管职位间的轮换等。

3. 提升

1) 有计划地提升。这种方法有助于培养那些有发展前途的、将来拟提拔到更高一级职位上的主管人员。它是按照计划好的途径，使主管人员经过层层锻炼，从低层逐步提拔到高层。这种有计划地提升，不仅上级主管人员知道，而且受训者本人也知道，因此不仅有利于上级领导对下级进行有目的地培养和观察，也有利于受训者积极地学习和掌握各种必备知识，为将来的工作打下较为扎实的基础。

2) 临时提升。临时提升是指当某个主管人员因某些原因，例如度假、生病或因长期出差而出现职务空缺时，组织便指定某个有培养前途的下级主管人员代理其职务，这样，临时提升既是一种培养的方法，同时对组织来说也是一种方便。代理者在代理期间做出决策和承担全部职责时所取得的经验是很宝贵的。

4. 设立副职

副职的设立，是要让受训者同有经验的主管人员一道密切工作，后者对于受训人员的发展给予特别的注意。这种副职常常以助理等头衔出现。有些副职是暂时的，一旦完成培训任务，副职就被撤销，有些副职则是长期性的。无论是长期的，还是临时的，副职对于培训主管人员都是很有益的。这种方法可以使配有副职的主管人员很好地起到教员的作用，通过委派受训者一些任务，并给予具体的帮助和指导，由此培养他们的工作能力。而对受训者来说，这种方法又可以为他们提供实践机会，并观摩和学习现职主管人员分析问题、解决问题的能力和技巧。

5. 研讨会

研讨会是指各有关人员在一起对某些问题进行讨论或决策。通过举行研讨会、组织中的一些上层主管人员与受训者一道讨论各种重大问题，可以为他们提供一个机会，观察和学习上级主管人员在处理各类事务时所遵循的原则和具体如何解决各类问题，取得领导工作的经验。同时，也可以通过参加讨论，通过参与组织一些大致方针的讨论，了解和学习利用集体智慧来解决各种问题的方法。

6. 辅导

辅导对于负责培训的上级主管人员来说，是一种常规的培训方法。这也就是我们通常说的"传、帮、教"。辅导要着重注意培养受训者的自信心和独立工作的能力，培养他们在处理人、财、物、时间、信息等方面的管理技巧。需要注意的是，上级主管人员对辅导对象，既不能老是不放心，总是扶着、挽着，也不能撒手不管，听其自然，而应时时处处关心他们，提醒他们，帮助他们认识和克服自己的不足之处，发挥他们的特长，使之形成自己的一套管理和领导风格。除了以上介绍的六种方法之外，还有许多具体的方法，例如参观考察、案例研究、深造培训等等。总之，各类各级组织在具体的培训工作中，要因地制宜，根据自己组织的特点以及所培训人员的特点来选择合适的方法，使培训工作真正取得预期的成效。

第六节 员工激励

一、薪酬管理与职工激励的关系

薪酬管理与职工激励之间是相辅相成的关系，单位的薪酬管理需要满足职工的不同需求。我们常说的薪酬有工资、奖金、福利等，这些都与职工的工作、生活密切相关。在日常工作中，职工希望能够提高自己的社会地位，有些职工工作多样化，从事着不同岗位的工作。但无论是从哪方面来说，职工都是需要在一定程度上得到满足，希望自己能够得到晋升的机会，提高社会价值。在对职工的需求进行分析的过程中，薪酬管理的制定必须根据员工的安全感、需求和公平来制定，这是源于工资公平和薪酬管理程序的公平。为了实现公平，单位必须与职工充分沟通，在了解和满足员工需求后才能够提高其工作积极性，推动单位目标的实现。薪酬管理与职工激励是相辅相成的，薪酬管理利用薪酬这一关键要素来刺激员工，让员工的经济效益得到了提高，同时，也能够为职工提供更好的发展环境。

二、建立科学合理的薪酬激励机制的措施

控制好不同岗位的薪酬变动系数。控制好薪酬变动系数是非常重要的，比如，笔者所在单位通常在普通办事员岗位中，设置奖励性绩效工资分配系数为1，而对于一些科员及初级技术人员岗位的奖励性绩效工资分配系数为1.1，对于中层管理人员或者中级技术人员奖励性绩效工资分配系数为1.2，对于高层管理者和高级技术人员奖励性绩效工资分配系数为1.4。确定薪酬变动系数是一件非常谨慎的事情，因为薪酬变动系数在一定程度上能够改变薪酬的值，其也是在薪酬水平的基础上确定的，同时还受到同行业同类岗位的最低薪酬和最高薪酬等因素影响。

对员工福利进行优化设计。在对员工福利设计的过程中，首先，需要对员工的福利需求进行调查和调整，不同的行业和地区，职工不同，对于福利的需求也是不同的，在大城市中拼搏的职工，对于当地户口的需求非常渴望；相对于小城市来说，这一福利对员工的激励作用更强，比如笔者所在的小城市来说，户口直接影响子女的入学。其次，在物质福利方面，单位工会应该按照我国的传统节日进行发放物质福利，虽然在这些节日发放的福利不多，但是对于员工的意义不同，让员工有被照顾的感觉，能够更好地激励员工。

增加薪酬支付的透明性。单位职工对于工资的公平性比较关注，同时对于人才市

场中的薪酬走势也是非常关注的。在单位内部，薪酬应该是透明的，这样能够避免让员工进行猜测，让职工更加稳定，保证单位的稳定发展。同时，透明的薪酬管理制度能够让员工明确自己在单位内部的发展方向，规划自己职业生涯目标，并为之不懈奋斗。所在单位的千分制考核办法和不同岗位的薪酬变动系数，把单位长远工作目标和职工的职业规划目标紧密相结合。

职工得到的薪酬，一方面是对过去工作的肯定和补偿，另一方面也是其未来努力工作的预期报酬，能够激励员工在工作中不断努力。薪酬管理对于职工的工作有着极大的影响，单位只有制定合理的薪酬管理制度，才能更好地促进本单位的发展。

第三章　企业组织建设

人力资源招聘与人力资源配置是人力资源管理中最为基础的两项内容，所以想要做好人力资源管理工作就必须将这两项工作做到位。人力资源招聘是指企业为了满足自身发展设定不同岗位，对相应岗位所需人力进行获取的过程。人力资源配置是指以提高工作效率与实现人力最优化配置为目的对人力资源进行科学合理配置。当前企业中存在一些人力资源招聘与配置方面的问题，严重地制约了企业人力资源管理工作的进一步发展。

第一节　企业组织与架构

一、企业人力资源招聘与合理配置

（一）有助于营造企业内部良好竞争与合作氛围

企业的发展离不开企业内部竞争与合作环境的营造，企业内部人才之间的竞争与合作可以促进企业外部发展，使企业得以壮大。人力资源部作为专门进行人力资源管理的部门，通过对企业人力资源进行招聘与配置，让企业各个部门可以各司其职，从而促进企业的发展。同时，人力资源的招聘与配置从企业各部门内部与各部门外部之间共同为企业营造了良好的竞争与合作氛围。人力资源部通过招聘为企业获取一定数量的新员工，融入新鲜血液，新员工渴望得到企业的认可，其竞争意识往往更强，这就与企业原有员工无形之中形成竞争之势，长此以往，营造出良性的内部竞争氛围，促进部门和企业的快速健康发展。

（二）有助于建立企业内部和谐关系

企业人力资源部主要负责人力资源招聘与配置，该部门承担着企业管理的重要职责，有这个部门的存在可以协调各个部门之间的关系。企业内部各部门之间需要完成企业正常运营的所有工作，往往一个工作项目需要多个部门进行配合也需要大量的人力资源，在人力资源方面难免会出现矛盾。人力资源部门作为企业中联结各部门的重要关系纽带，进行人力资源的合理协调，将原有人员和新招人员根据各个部门的工作和岗位需要进行合理配置，使得企业内部各部门之间关系融洽，齐心协力共同致力于企业发展。

二、企业的战略

企业的战略是企业发展的目标。事实上，每个组织的各个部门的存在也是因为战略的需要。因此，每个组织单位的目标都应该和企业的总体战略目标保持一致，在实践中配合整体战略目标的实现，人力资源部门当然也不例外。所以，企业特定的战略目标必须被看作影响人力资源管理实践的一个重要的内部因素。

比如说，一个企业的总体战略目标是追求总成本领先，而另一个企业的总体战略目标是追求不断创新，两者的人力资源战略和人力资源规划当然就会有相当大的不同。追求创新的企业需要有一个宽松的工作环境。为促进技术的发展，追求创新的企业必须招聘到一流的研发人才，还要时刻关心劳动力的培训和开发；同时，为留住和激励一流的研发人才而设计一个有效的报酬方案也是特别重要的。而对于追求成本领先的企业来讲，则不需要招聘一流的研发人才，因为这种人才对该企业来讲只会象征着成本的增加。

由于战略的要求，企业会做出许多对人力资源部门影响很大的决策，主要有以下几种：

（一）企业重组

由于战略的需要，许多企业为实现精简而取消部分管理层次，关闭一些厂房设施或与其他企业合并，这样就必须辞退部分员工并为其安排新的工作。到目前为止，企业重组的主要方式是取消若干管理层次，以使企业管理结构的金字塔变得更加扁平。一般来讲，要进行企业重组，必须先从根本上重新思考和重新设计企业的经营管理程序，目的是降低成本，改进产品质量，提高服务水平和提高完成各种工作的速度。创新设计工作是管理界限明晰化的一个组成部分。明晰化就是确定和保留企业的核心业务，放弃各种微不足道的边缘业务。这样一方面就要进行人员压缩，即减少企业现有员工的数量，这是一个旨在减少各种成本的有意识的策略。实行减员的原因之一是许多工商企业积聚了过多的员工。人力资源管理者在企业重组时要面对的问题是，员工对企业忠诚度的降低，需要调整留在企业的员工作为"幸存者"的心态等。

（二）兼并和接管

由于战略的需要，企业可能要兼并和接管一些在战略上有互补性的企业或其他企业。作为人力资源管理者，要研究在购并整合后的战略目标下被购并企业组织和人员的匹配程度。在购并后的许多情况下，都涉及组织和人员的调整。而购并后人才的不足或过剩会严重影响战略目标的实现，可能需要用极高的代价去弥补。因此，人力资源人员首先要评价对方的管理人员和其他关键员工（如技术人员和销售人员）的能力，根据组织设计测算出组织将会缺少哪方面的人才，再做出详细的人力资源规划（此规划要考虑购并后的企业需要哪些方面的管理人才、市场开发人才、技术人才；被购并企业有哪些潜力，为实现这些潜力，对长远的人员规划有何要求；怎样更好地管理和激励新的管理人员以及机构撤销、扩大人员配备等多方面问题），制订出此规划的实现计划。

（三）全面质量管理

企业始终关心如何通过向顾客提供优质产品和服务而使顾客满意。这些关心就产生了全面质量管理（TQM）运动。全面质量管理强调预防错误而不是改正错误。它认为，首先"做正确的事"是最佳的办法。采用这种方法的企业试图把质量建立在设计、生产和运送产品或服务的所有阶段之中。这些企业授权工人们追溯产品或服务的问题至其根源并且重新设计生产过程，以便使用各种解决问题的技术和统计学的技术（例如统计过程控制）去消灭它们。工人授权皆采用顾问组、特别工作组和跨职能团队的形式。许多企业已经成功地实施了全面质量管理。全面质量管理的倡导者们声称，它之所以能够成功，是因为强调以顾客为中心，并且促进了诸如团队工作、持续学习和持续改进之类的管理。

实行全面质量管理时员工不得不承担越来越多的责任，转向某种全面质量管理方法的企业必须改变它们的许多传统人力资源管理实践。例如，使用自我管理的工作团队需要新的挑选、培训、评估和奖励策略。实行全面质量管理的企业必须挑选和培训出优秀的"团队选手"，并且必须以团队的绩效而不是个体的绩效为基础去评价和奖励员工。

三、企业文化

企业文化是企业在一定社会经济文化背景下，在长期生产经营中，逐步形成和发展起来的日趋稳定的价值观、企业精神、行为规范、道德准则、生活信念、传统习惯等。

企业文化在企业管理中的主要作用如下：

1. 激励作用。企业文化犹如一种内在于企业的精神，这种无形的动力可以激励员工的自豪感、主人翁责任感，从而转化为推动企业群体前进的动力。

2. 凝聚作用。企业文化能够培育员工的企业共同体意识，这是企业凝聚力的源泉，它能在企业内部造成一种和谐、公平、友好的气氛，促进全体员工的团结、信任、理解和相互支持，使之形成群体的向心力。

3. 规范作用。企业文化的一个重要特征就是根据企业整体利益的需要，产生一系列以价值观念为核心的评判标准。它虽然不是规章制度，但在实践中员工做出了符合企业目标的行为，这就起到了规章制度的规范作用。

4. 稳定作用。企业文化具有相对稳定性。在企业中，企业文化一旦形成并模式化后，就具有很强的稳定性。这是因为企业长期形成的渗透到企业各个领域的文化，可以成为深层心理结构中的基本部分，在较长时间内对成员的思想感情和行为产生作用。人力资源管理的最高层次就是运用企业文化进行管理。因此，毫无疑问，企业文化是人力资源环境分析的重要对象。如何对企业文化进行研究呢？首先，由于企业文化是长时间形成的，因此，要先对企业发展的历史以及企业文化形成的历史进行研究。其次，不仅要对表层的文化进行研究，而且要深入到最深层，看看员工做出决策时暗含的假设是什么，如果某些假设是共同的，它们就有可能与企业文化有关。最后，一个企业中可能还有许多的亚文化，经理层有经理层的文化，员工层有员工层的文化。一方面企业文化在特定的情况下对企业发展会有积极的作用，另一方面企业文化一旦形成就具有一定的稳定性。但当竞争环境的变化非常快，引起了企业组织结构、运作方式的改变，而企业文化的变化相对较慢时，企业文化就会对企业发展起到阻碍作用。现在，这种情况越来越多地出现，这就要求在对人力资源环境进行具体分析时对企业文化更加重视。

第二节　企业组织形式

一、战略管理理论

（一）战略管理的内涵

"战略"一词的希腊语是strategos，意思是"将军指挥军队的艺术"，原是一个军事术语。一些军事著作如我国孙武的《孙子兵法》、尤利乌斯·恺撒（Julius Caesar）和亚历山大（Alexander）的《军事学原理》、克劳塞维茨（Clausewitz）的《战争论》等，都对军事战略理论及方法的演进产生了深刻的影响。20世纪60年代战略思想开始用于商业领域，至80年代已发展为十多个学派。关于组织机构战略比较全面的看法一般认为是明茨伯格（Mintzberg）的5P模型：如果从组织机构未来发展的角度看，战略表现为一种计划，而从组织机构发展历程的角度看，战略则表现为一种模式。如果从产业层次看，战略表现为一种定位，而从组织机构层次看，战略则表现为一种观念。此外，战略也表现为组织机构在竞争中所采用的一种计谋。战略管理则是指对组织机构战略的管理，是组织机构在信息和知识经济时代，面对瞬息万变的经营环境，所必须采取的管理手段。一般认为战略管理包括战略分析、战略选择和战略实施三个过程。战略内容研究的是组织机构的战略选择及其与业绩之间的关系，是解释性的。

（二）几种典型的战略管理理论

1. 战略适应理论

战略适应是指战略与组织和环境因素之间的相称、一致或匹配，创始人是安德鲁斯（Andrews）。1971年安德鲁斯把战略看作是组织机构能够做的（组织的优势和劣势）与可做的（环境机会与威胁）之间的匹配，从而建立起了著名的SWOT分析框架。该理论的实质是强调资源与战略、战略与环境条件之间的适应，认为价值的创造是内部能力与所追求的战略以及战略与竞争环境之间相适应的产物。因此，战略的选择必须基于仔细地评价可使用的资源和市场的机会与威胁，并使之匹配以达到适应。

2. 产业结构分析理论

产业结构分析理论的最主要代表人物迈克尔·波特（Michael E.Porter）教授1980年在《竞争战略》中提出，现有组织机构间的竞争程度、潜在入侵者、买方的讨价还价能力、供方的讨价还价能力以及替代品威胁，是决定产业赢利能力的五种竞争作用力，这五种作用力综合起来决定了某产业中的组织机构获取超出资本成本的平均投资收益率的能力。波特认为，竞争战略的选择由两个中心问题构成：一是由产业长期赢利能力及其影响因素所决定的产业的吸引力；二是决定产业内相对竞争地位的因素。这个行业定位竞争理论成为整个20世纪80年代战略理论的主流模式。

二、组织机构战略的概念、构成要素

1. 组织机构战略的概念

对于什么是组织机构战略，人们的理解多种多样，由此形成了学术界的理论丛林。1962年钱德勒（Chandler）认为，"组织机构的战略可以被定义为基本的长期目标，组织机构通过采取一系列的行动和分配所必需的资源来获得目标的实现"。1965年安德鲁斯（Andrews）认为，"组织机构战略就是用一系列主要的方针、计划来实现组织机构的目的，组织机构现在在做什么业务，想做什么业务；现在是一个什么样的组织机构，想成为一个什么样的组织机构"。1980年奎因（Quinn）认为，"组织机构战略是一种计划，用以整合组织的主要目标、政策和活动次序"。

20世纪80年代，明茨伯格提出了组织机构战略的5P模型。可以帮助我们进一步从实践的角度理解组织机构战略的内涵。具体而言，组织机构战略的5P模型包括以下内容：

（1）组织机构战略是一种计划。组织机构战略的核心是解决一个组织机构如何从现在的位置到达将来的位置的问题，并提供解决这个问题所要求的方向和途径。

组织机构往往会用一个成文的战略计划书来表达本组织机构的战略。

（2）组织机构战略是一种行为模式。作为一种行为模式，它包括价值选择、承诺等一些与组织机构文化和组织机构价值观有密切关系的概念等。

（3）组织机构战略是一种定位。组织机构战略的重要内容之一就是确定组织机构的定位和达到定位所需要的各种有效措施。迈克尔·波特（Michael E. Porter）认为，组织机构可以在广泛和狭窄两个不同的范围内同时或者分别采用两种最佳的定位：差异领先和成本领先。

（4）组织机构战略是一种对未来的期望。如果说定位是从行业分析的角度为组织机构自身寻找一个有利的位置的话，那么战略作为一种未来的预期或期望，是从组织机构内部和组织机构战略管理者的内心出发，为组织机构确立根本的宗旨。

（5）组织机构战略是一种计谋。组织机构战略作为一种计谋，是一种历史悠久和应用广泛的使用方法。强调战略是一种计谋，目的是提醒组织机构管理者注意战略的针对性、互动性和策略性。

2. 组织机构战略的构成要素

组织机构战略主要包括以下构成要素：

（1）经营范围。经营范围是指组织机构从事生产经营活动的领域。它反映了组织机构目前与其外部环境相互作用的程度，也可以反映组织机构计划与外部环境发生作用的要求。一般来说，组织机构可以根据自己所处的行业、自己的产品和市场来确定自己的经营范围。

当然，组织机构的经营范围是处在动态的发展变化之中的。

（2）资源配置。资源配置是指组织机构过去和目前在资源和技能配置上的水平和模式。组织机构资源是组织机构现实生产经营活动的支持点，组织机构只有以其他组织机构不能模仿的方式取得并运用适当的资源，进而形成自己的特殊技能，才能很好地开展生产经营活动。

（3）竞争优势。竞争优势是组织机构通过资源配置的模式与经营范围的决策，在市场上所形成的与其竞争对手不同的竞争地位。一般来说，竞争优势可以来自组织机构在产品和市场上的地位，也可以来自组织机构对特殊资源的正确运用。应该说，竞争优势是经营范围决策和资源配置的结果，是竞争的结果。

（4）协同作用。协同作用是指组织机构从资源配置和经营范围的决策中所能寻求到的各种共同努力的效果。在组织机构的经营运作中，总体资源的收益要大于各部分资源收益的总和。

3. 组织机构战略的特点

组织机构战略具有以下特点：

（1）全局性。组织机构战略是从全局出发。对组织机构未来一定时期的发展方向和目标的整体规划和设计。

（2）长期性。组织机构战略是对内部和外部环境各种变化对组织机构可能产生的影响带有前瞻性的积极反应。

（3）指导性。组织机构战略是组织机构的发展蓝图，规定了组织机构在未来一段时期内的基本发展指标和实现指标的途径。

（4）竞争性。组织机构战略是在激烈的市场竞争中与对手较量的战略设计。

（5）风险性。组织机构战略是对未来发展的筹划，具有不确定性，需要管理者有效地规避风险。

第三节　企业组织建设与创新

一、基于战略层次的划分

1. 组织机构战略。组织机构战略是组织机构的战略总纲，是涉及组织机构全局发展的、整体性的、长期的战略规划，是组织机构最高管理层指导和控制组织机构一切行为的最高行动纲领，对组织机构的长期发展将产生深远的影响。组织机构战略根据组织机构的经营理念、战略目标等，选择组织机构可以竞争的领域，合理配置组织机构资源，使各项经营业务相互支持、相互协调。

2. 竞争战略。竞争战略也称经营单位战略，它着眼于组织机构整体中的有关事业部或子组织机构，影响着某一类具体的产品和市场，是局部性的战略决策；战略的参与者主要是具体的事业部或子组织机构的决策层。战略的重点是要改进一个战略经营单位在它所从事的行业或某一特定市场中所提供的产品和服务的竞争地位，以利于组织机构整体目标的实现。

3. 职能战略。职能战略是为了贯彻、实施和支持总体战略与竞争战略，而在组织机构特定的职能管理领域制定的战略。职能战略一般可分为生产战略、研发战略、人力资源战略、营销战略及财务战略等。与组织机构总体战略相比，职能战略用于确定和协调组织机构短期的经营活动，期限比较短，一般在一年左右；职能战略是为负责完成年度目标的管理人员提供具体指导的，所以它较总体战略更为具体；职能战略是由职能部门的管理人员在总部的授权下制定出来的。人力资源是组织机构的第一资源。作为一种职能战略，与其他职能战略相比，人力资源战略与组织机构总体战略的互动性更强。在组织机构发展的过程中，尤其是在特殊时期，人力资源战略往往被提升到更为重要的战略地位，甚至成为组织机构战略的核心。

二、基于组织机构整体方向的划分

根据组织机构的整体发展方向,组织机构战略可以划分为增长型战略、稳定型战略、紧缩型战略和混合型战略。

增长型战略是指组织机构扩大原有的经营领域的规模,或开拓新的经营领域的战略。

实现扩张的途径有内外两种:内部途径包括引入新产品、开辟新渠道、增加市场相对份额等;外部途径有收购其他组织机构、与他人合作、创办合资组织机构等。

稳定型战略是指组织机构遵循与过去相同的战略目标,保持一贯的成长速度,同时不改变基本的产品或经营范围。它是对产品、市场等采取以守为攻、以安全经营为宗旨、不冒较大风险的一种战略。

紧缩型战略是指在组织机构内外部环境发生重大变化时,组织机构的经营受到巨大的挑战,组织机构为了在未来有更大的发展,实行有计划的收缩和撤退的战略。

混合型战略是增长型战略、稳定型战略、紧缩型战略的组合。事实上,许多有一定规模的组织机构实行的并不只是一种战略,从长期来看是多种战略的组合。一般大型组织机构多采用混合型战略。

三、基于成长机会和制约条件的划分

根据成长机会和制约条件,组织机构战略可划分为进攻型战略和防御型战略。

进攻型战略是指利用组织机构的有利条件寻求组织机构成长机会的主动出击战略。进攻型战略力图从领先者那里获得市场份额,它通常发生在领先者所在的市场领域。竞争优势是通过采用成功的战略性行动来获得旨在产生成本优势的行动、产生差异化优势的行动或者产生资源能力优势的行动。

防御型战略是指针对组织机构发展的威胁,强化自身薄弱环节的对策性战略。防御型战略的目的是降低被进攻的风险,减弱任何已有的竞争性行动所产生的影响,影响挑战者,从而使它们的行动瞄准其他竞争对手。这种战略有助于加强组织机构的竞争地位,捍卫组织机构最有价值的资源和能力,维护组织机构已有的竞争优势。

四、基于战略态势的划分

根据战略的态势,组织机构战略可以划分为防御者战略、探索者战略、分析者战略三种。防御者战略寻求向整体市场中的一个狭窄的细分市场稳定地提供有限的一组产品。经过长期的努力,防御者能够开拓和保持小范围的细分市场,使竞争者难以渗透。探索者战略追求创新,其目的在于发现和发掘新产品和新的市场机会。该战略能否成功实施取决于开发和俯瞰大范围环境条件、变化趋势的能力和实践能力，灵活性对于探索者战略的成功来说是非常关键的。分析者战略靠模仿生存，它们复制探索者的成功思想。分析者必须具有快速响应那些领先一步的竞争者的能力。与此同时，还要保持其稳定产品和细分市场的经营效率。

第四章　战略性人力资源运行系统

第一节　员工与企业的三对基本

一、员工与企业的矛盾

通常情况下，企业以营利为目的，需要优化配置各种要素（土地、劳动力、资本、管理者才能等），向市场提供有价值的商品或服务，获得利润。其中，员工是企业的一种生产要素，受雇于企业，为其提供服务，企业根据其提供的服务支付薪酬。

（一）员工和企业产生的内在矛盾

1. 企业员工辛勤劳动却没有得到与付出相匹配的工资，让其没有工作的信心和动力，最后毅然另寻他路。

2. 企业管理层与基层员工的收入差距太大。企业在重视管理层作用的同时，同样要评估普通员工的价值，给予足够的关怀。

3. 员工和企业在战略和文化上相适应的问题，员工的素质与能力要跟企业的战略、文化与核心竞争力相匹配，要保持组织和个人的同步成长和发展，使得员工内在的需求能够在企业中得到满足。

（二）解决企业与员工矛盾的几个方面

1. 设计公平合理的薪酬结构。传化集团前董事长徐冠巨认为，企业的发展应与职工的收入成正相关，并提出把一部分利润分配给职工，传化集团实行绩效考核制度，给予完成指标的职工相应的奖励，充分保障员工的作息时间，其基层员工加班少，实行严格的一周五天，一天八小时工作制以及法定节假日休息制度。

2. 健全劳动合同，有效实现"双赢"。比如，企业在与职工签订劳动合同时可以约定保守企业的商业秘密与知识产权相关的保密事项，或者约定竞业限制条款。

3. 构建企业与员工日常沟通渠道。比如，员工可以结合岗位实际和工作经验提出合理化建议，若建议被采纳，企业根据建议实施，并给予建议人相应的奖励。

企业与员工间的矛盾从未间断，二者关系的调节需要不断完善、不断改进。企业作为领导员工的主体，需要将企业文化、人员分配和企业氛围合理有序地结合起来，逐渐缩短企业与员工的距离，使其紧密联系，密切配合，促进企业未来健康、长远地发展。

二、员工与岗位的矛盾

员工与岗位的矛盾主要是指员工与岗位的适应性问题，员工要符合岗位的需求，员工的能力和岗位的要求要相互匹配，也就是员工与岗位的动态配置问题。

对于企业来说，人才的结构性失衡是一种常见现象，也就说企业的某些岗位找不到合适的员工，以人力资源战略规划的制订和执行来讲，就有企业老板感慨："我们重视人力资源总体战略规划，花很高的代价请来咨询公司，共同制订了战略规划，但是到了执行环节，却发现一个尴尬问题，企业没有合适的人才，外聘人才不理想，只能搁置战略方案，无法实施，也不敢实施……"

如今，对很多企业来讲，员工和岗位之间存在的矛盾，成为一个企业自身无法解决的巨大问题，主要原因在于：

1. 企业存在现有人员的缺陷。
2. 在岗位设置中岗位要求的万能。
3. 企业的现实与理想之间的强烈落差，阻碍了企业发展。

如何解决员工与岗位之间的矛盾，实现二者和谐匹配呢？通常情况下，企业需要从以下几个方面思考：

明确岗位任职标准。即便没有系统的任职资格和素质模型，至少也应当确定大致的岗位任职条件。

选择适当的配置方法。重新配置有不同的方法，如外部引进、内部竞聘、轮岗交流等。这些方法并不适合于所有岗位，对于不同类型的岗位，要综合考虑配置成本、管理导向等因素，组合选用不同的配置方法。

根据培训的管理目的，确定培训的内容和形式。以基本胜任岗位要求为目的，如新员工培训、新业务培训、工作技能培训等；以提升综合能力加强后备力量为目的，如高层次的专业交流、研究性的学习等。

研究培训的专业方法，提高培训的有效性。

三、员工与员工的矛盾

现代企业中，由于环境的不确定性、复杂性以及员工分工精细化，个体无法依靠自身能力实现企业目标，需要团队成员之间的相互作用，个体对团队支持、合作与协调依赖程度明显增强。基于对自身利益、他人利益与工作任务的关注，这种依赖程度越强，引起冲突的可能性越大。研究表明，当个体感觉到其他成员对自己所关心的事情产生或将产生消极影响时，相互之间就可能产生冲突。

其中，员工与员工的矛盾主要涉及两个方面：一个是企业中员工与员工的能力匹配，以及团队成员组合问题，即员工与员工之间的有效配置问题。另一个是员工之间存在的冲突。

在知识型企业中，员工在企业中往往不是固定在某一个点上（岗位），而是在一个区间里面运动，跨团队、跨职能的团队运作是一种主要的组织工作模式，人力资源管理的矛盾就更多地表现为员工与员工之间的关系，员工与员工之间的个性互补与能力匹配，员工在团队中的角色定位与位置。

对于传统型企业，尽管企业都强调和谐氛围，但是由于员工的个性、成长背景、年龄、技能、价值观、期望和工作风格的不同，员工之间产生冲突在所难免。当冲突发生时，就会制造一种敌意的团队氛围，导致员工士气下降、生产力降低，对工作的不满增加。

有研究表明，绩效产生问题的原因65%都是由员工冲突造成的，员工42%的时间都花在解决冲突上，很多经理大约1/3的时间也花在解决员工的冲突上。如今，百胜餐饮集团旗下最大的连锁快餐企业肯德基的员工数量已非常庞大，员工"高兴不高兴"已经让管理层意识到是一件大事了。他们建立一个员工关系部，专门来处理员工的情绪问题，善沟通、做活动、管纪律、听抱怨、给鼓励。

第二节　矛盾主体的新变化

知识经济时代，企业运作重心是客户关系、知识资产、范围经济和价值创造，强调消费者行为和企业适应能力。在此背景下，企业和岗位都发生了巨大的变化，员工本身也发生了巨大的变化，企业、岗位和员工都变得更加复杂。它们之间矛盾进一步深化，比以往任何一个时期都更加深刻，影响更为广泛。

一、企业日益柔性化

柔性化的概念是1965年由英国莫林斯（MOLINS）公司首先提出的，它是在柔性制造的基础上，为适应市场需求多变和市场竞争激烈而产生的市场导向型的按需生产的先进生产方式，其优点是增强制造企业的灵活性和应变能力，缩短产品生产周期，提高设备利用率和员工劳动生产率，改善产品质量，因此，是一种具有旺盛需求和强大生命力的生产模式。

后危机时代，国内企业所面临的环境越来越不确定，客户的需求呈现多样化、个性化的特点，企业的模式以及员工的工作模式要适应客户需求的变化而不断变革。

客户需求是不断变化的，而且也是多样化、个性化的。企业要基于客户价值和客户需求，就需要不断进行相应的调整和变化。一方面，企业要适应快速的变化，对客户需求做出快速的响应，就需要不断缩短流程。但另一方面，由于企业制衡的要求，有些流程不是要缩短，而是要延长的。

世界上比较流行的柔性生产主要有四种方式：

1. 精益生产（LP），特点是以简化组织和强调人的能动性为核心，力求低消耗、高效率、零库存，杜绝一切浪费，其基本前提是为满足用户的高质量产品需求。

2. 并行工程（CE），特点是对产品开发及其相关过程以组成多功能协同小组工作来进行，并在产品设计阶段就集成考虑生产制造、销售服务过程的适应性要求。

3. 敏捷制造（AM），特点是注重适应各种变化的快速要求，以动态多变的组织结构和充分发挥技术、组织人员的高度柔性集成为主导。

4. 智能制造（IM），特点是强调柔性化生产中人的决定作用，这是以提高决策质量为目的并在整个制造过程中贯穿智能活动。

以上汽通用汽车的总装车间为例，生产线上不再是统一的流水线，而是各款不同型号的汽车总装生产线。这种柔性化生产线带给市场和消费者的是利润与效率。在激烈的市场竞争环境下，利润与效率是厂家追求的目标，厂家都希望根据消费者的最新反馈意见进行产品的研发与生产。然而，根据消费者需求进行快速反应，对于生产过程相对复杂的汽车行业来说，并非易事。

二、组织边界日益模糊化

知识经济中，企业不再是简单的层级结构，而更多地表现为各部门间相互交错的关系，因此，企业内部结构具有网络化的特征。以企业内部各部门、人员为网络的节点，表现为错综复杂的形式，组织边界日益模糊化。

同时，企业变革与创新成为一种常态，这使得岗位关系日趋复杂，职责越来越模糊，职位分析缺乏对战略、企业、流程的整体适应能力。这就导致了职位的不确定性，企业中的工作或职位不再像过去那样是稳态的，而是动态的。

现在的企业当中，一切以市场和客户为核心，岗位之间的边界是模糊的，甚至是重叠在一起的。因此，现在很多工作是围绕一个目标或任务进行人才的组合，采用项目性和跨团队、跨职能的团队模式，追求人才组合的协同性。

三、员工需求多样化

很多企业觉得困惑：企业不错，薪水也不低，福利还可以，为什么就是留不住人才？企业觉得委屈，辛辛苦苦，收获的却是员工离去的背影；而离职员工对老东家也少有感激，不满、惆怅乃至愤恨充斥着他们的内心。

产生这种情况的原因在于，企业对员工还缺乏有效的了解，先验性地认为企业提供的就是员工想要的，员工的期望被严重地忽视了，严重的激励不相容，横亘在企业—员工关系之中。2016年，江苏省扬州市总工会联合市统计局，采取问卷调查、座谈交流、数据分析等方式，对职工需求进行了调查。调查涉及5 972家规模（或限额）以上企业，共计4 000份问卷。调查显示，"职工需求呈多层次、多样化特征，工资、房价、医疗救助等仍是热点"。

随着企业和岗位出现巨大变化，员工结构也出现了很大的变化，很多企业中，知识型员工已经成为员工队伍的核心，员工的能力成为企业竞争力的源泉。知识型员工更具有工作自主性，有获得尊重的需求，个性张扬。

员工对工作自主性的要求、自我实现的需求，以及对个性的诉求，比以往任何一个社会都得到更多的重视。同时，在全球化过程中，企业面临着员工队伍的多元化以及价值观的冲突与文化融合等问题。

第三节　基于战略的人力资源运行系统

当前，很多企业由于没有充分考虑所在行业特点与战略方向，导致企业人力资源管理与发展战略目标严重脱节、高素质人才流失严重等诸多问题，因此，基于企业发展战略，建立一套科学、有效的人力资源管理运行系统已势在必行。

一、建立人力资源管理机制

人力资源管理机制，在本质上就是要揭示人力资源管理系统的各要素通过什么样的机理来整合企业的人力资源，以及整合人力资源之后所达到的状态和效果。建立科学的人力资源管理机制，可以使人力资源始终处于激活状态，通常情况下，企业人力资源管理机制包括：牵引机制、激励机制、约束监督机制、竞争淘汰机制。

1.牵引机制。通过明确组织对员工的期望和要求，员工能够正确地选择自身的行为，最终组织能够将员工的努力和贡献纳入帮助企业完成其目标、提升其核心竞争力的轨道上来。

牵引机制的关键在于，向员工清晰地表达组织和工作对员工的行为和绩效期望。因此，牵引机制主要依靠以下人力资源管理模块来实现：企业的价值观与目标牵引、职位管理与任职资格体系、业绩管理体系、职业生涯与能力开发体系。

2.激励机制。激励的本质是员工去做某件事的意愿，这种意愿以满足员工的个人需要为条件。激励的核心在于对员工的内在需求的把握与满足。

激励机制主要依靠以下人力资源管理模块来实现：分层分类的多元化激励体系（职权、机会、工资、奖金、股权、荣誉、信息分享、学习深造）。多元化薪酬体系与全面薪酬设计（基于职位的薪酬体系、基于能力的薪酬体系、基于市场的薪酬体系、基于业绩的分享薪酬体系）。

3.约束监督机制。约束监督机制的核心是企业以目标责任体系和以任职资格体系为核心的职业化行为评价体系。

约束监督机制的本质是对员工的行为进行限定，使其符合企业的发展要求的一种行为控制，它使得员工的行为始终在预定的轨道上运行。其内容主要包括：

（1）信息反馈与监控。

（2）目标责任体系。

（3）经营计划与预算。

（4）行为的标准化、职业化。

（5）基本行为规范。

4.竞争与淘汰机制。企业除了正向机制之外，还要建立反向的竞争与淘汰机制，将不适合组织成长和发展需要的员工释放于组织之外，同时将外部市场的压力传递到组织之中，从而激活企业人力资源，防止人力资本的沉淀或者缩水。

竞争与淘汰机制在制度上主要体现为竞聘上岗与人才退出机制。

（1）竞聘上岗制度，强调"能上能下、能进能出、能升能降"。

（2）人才退出机制，包括内部创业制度、轮岗制度、自由转会制度、待岗制度、内部人才市场、提前退休计划、自愿离职计划、学习深造。

人才退出机制是企业根据业务发展战略的需要，在企业中持续实现人岗匹配，能力与绩效、绩效与薪酬的匹配，以定期的绩效考核结果为依据，对那些达不到要求的人员依据程度的不同采取降职、调岗、离职培训、解雇和退休等的一种人力资源管理方式。

实施人力资源退出机制，是为了保证组织人力资源团队的精干、高效和富有活力，让不再适合组织战略或流程的员工直接或间接地退出组织及其机构，有助于实现战略目标。

二、人力资源价值链管理

人力资源管理的关键在于通过价值链管理，把人力资源的业务职能连接在一起。人力资源价值链管理是一种以价值为中心的基于协作的策略，它能够有效地提高企业的竞争力，赢得竞争优势。

综合国内外学者的研究成果，本书认为，人力资源价值链的主要环节包括：价值创造、价值评价和价值分配。

1. 价值创造。价值创造就是员工为企业带来的价值，其本质在于企业对创造要素的吸纳与开发，人力资源是价值创造者。因此，企业在注重吸纳优秀人才的同时，还要注重培训与开发提升员工的价值。

2. 价值评价。价值评价是人力资源管理中的一个重要问题，即建立一套科学规范的价值评价体系，让每一个员工的投入和贡献都能得到客观公正的评价。该环节包括工作分析与个性特征评价、绩效评价等，它可以正确反映人力资源价值量，为人力资源的绩效、收益分配、价值核算以及激励约束机制提供科学依据。

3. 价值分配。价值分配是根据价值评价结果提供合理的岗位安排和薪酬水平，主要体现于企业的薪酬制度、晋升提拔制度，包括工资、红利、股权等经济报酬；还包括表彰、晋升、学习等非经济性的价值认可。

组织绩效的提升最终源于良好的人力资源管理实践，无论是组织产出、财务产出，还是市场产出，最终都依赖于企业的人力资源管理实践水平。因此，有效地管理好组织内部的各类人员，使员工对自己的工作满意，有饱满的工作态度和热情，才能做好本职工作，才能推动价值链内部各个职能环节的改善，最终实现组织绩效的提升。

三、充分发挥企业文化管理的作用

现代企业中，员工与企业主要通过劳动契约和忠诚度保持联系，劳动契约联系主要是通过劳动合同建立；忠诚度主要通过企业文化和价值观的疏导来建立。其中，企业文化能够协调企业对员工的需求与员工个人需求之间的矛盾，使个人与企业同步成长。

人力资源管理在一定的企业文化背景下进行，只有适应企业文化的人力资源管理才可能奏效。比如说，员工的价值观与企业文化适配度高将使员工产生较高的满意度，从而降低离职率，提高工作绩效。因此，企业应在招聘过程中融入企业文化。对于培训、激励和绩效考核等模块来讲，企业文化同样有着很好的促进作用。

企业文化是在人力资源管理工作中经过长期的潜移默化培养起来的，企业管理者把自己的经营理念、价值指向、行为方式等整合到员工中去。通常情况下，可以把企业文化分为三个层次：精神层、制度层和物质层。良好的企业文化与人力资源管理是一种互相推动、互相制约的关系。

企业文化与人力资源管理相融合，可以更为高效地促进人力资源的创新发展。比如说，组织登山协会、羽毛球协会、棋牌协会等非正式团体，通过这些活动，能够深化员工之间的感情，增进员工之间的了解，处理好人与人之间的关系，培养出相互信赖的人际关系。

尽管很多企业管理者认识到了企业文化的重要性，而且在企业管理过程中关注企业文化建设，但还是忽视了企业文化建设的综合性和体系性，正如企业文化的定义，它不是一个单一体，而是一个复合体，更重要的是，企业文化必须与战略、制度和具体行为相结合，才能够体现出来，才能充分发挥强大作用。

对于人力资源管理来讲，企业文化与之融合发展，需要把握三个要点：

1. 系统梳理、归纳和丰富企业文化理念。企业文化是企业长期发展过程中树立起来的，而不是靠策划出来的。无论是大企业，还是中小企业，不论是国内企业，还是国外企业，每个企业都有企业文化，区别只是在于强弱或优劣之分。

企业文化的建立是一个科学、严谨的过程，要经过梳理、提炼和提升三个阶段。对很多企业来讲，现有的企业精神、宗旨和行为规范等传统理念缺乏鲜明的个性和丰富内涵，无法起到凝聚人心、激励员工的作用，因此，需要科学地进行梳理补充，使得企业文化理念更趋规范、系统，同时独具特色，适时量化员工行为规范，明确行为导向，明确地提出"提倡什么、反对什么；坚持什么、禁止什么"，这样，企业文化才可能让企业变得更加优秀，如《华为基本法》《新奥企业纲领》和《白沙文化发展纲要》等。

2. 制订"以人为本"的企业文化建设规划文本。无论企业战略怎样调整，企业内外环境怎样变化，以人为本都应该而且必须是企业文化建设永恒的主题。在企业文化建设规划过程中，无论是企业文化理念，还是企业文化落实执行，都应该坚持"以人为本"，这不仅是企业文化的精髓，也是人力资源管理工作的精髓。

制订和实施企业文化建设规划，在企业内部应当形成一种良好的人际关系，把价值的认同、目标的共识、心灵的沟通和感情的交融，作为形成企业凝聚力，提高员工责任感、自豪感和使命感的重要手段呵，目的是发挥员工的积极性、主动性和创造性，切实把员工作为提高企业经济效益、增强企业活力的动力源泉。

通常情况下，企业文化建设规划文本包括如下内容：基于企业的使命、愿景、价值观确立企业文化建设目标体系；制订详尽的企业文化行动计划；制定企业文化建设的绩效管理文件，包括文化绩效管理的主体和职能、年度文化绩效计划、年度文化绩效计划的监控、年度文化绩效的评估等。

3. 文化管理与人力资源管理融合发展。企业文化与人力资源管理之间存在着紧密的联系，人力资源管理各环节都受到企业文化的影响，同时，它们又反作用于企业文化的形成及发展。新形势下，企业文化在人力资源管理活动中举足轻重，优秀的企业文化对于完成人力资源管理目标，实现企业的长远发展意义重大。

企业文化与人力资源管理之间的交融点是以人为本，二者之间相辅相成、不断融合。我们知道，通常情况下，人力资源管理需要运用具体的制度、方式来影响员工的行为方式；而企业文化则通过塑造员工符合企业自身需要的价值观，进而使员工具有共同的价值取向和思维方式。

世界知名企业都有自己独特的企业文化，这种优秀并且适合企业自身发展的文化可谓是企业的生命源泉，对企业的长远发展影响巨大。而世界名企的人才招聘、员工培训、员工激励以及其他人力资源管理方面都透露出其特有的文化底蕴，在对人的管理中不断去创新、发展并不断完善企业文化，使这种文化发挥出内在的强大力量，不仅有利于员工的成长和人力资源管理，更对企业的发展有着深远影响。

第五章 人力资源战略制订

第一节 人力资源战略制订概述

为使企业战略能有效落实,企业必须从战略上重视对人力资源的开发与管理,制订相应的人力资源战略来支撑企业战略,使企业能够适应环境变化,获得可持续发展。本节将阐述人力资源战略制订的原则、过程和内容。

一、人力资源战略制订原则

人力资源战略在企业发展过程中起着举足轻重的作用,在制订人力资源战略时,要遵循以下几个原则:

(一)整体性原则

人力资源战略和人力资源管理的各模块是不可分割的整体。制订人力资源战略时,应该把招聘与配置、员工开发、绩效管理、薪酬福利、员工关系管理和员工退出等环节作为一个系统的整体来研究和细化,使各模块在战略的整合下共同发挥作用。人力资源战略引领一个企业从人力资源的角度进行战略管理,以实现企业的发展目标,同时提供了通过人力资源管理获得和保持竞争优势的发展思路。

(二)一致性原则

人力资源战略必须与企业战略具有一致性,这种一致性是通过建立企业与员工的双向促进机制来实现的。人力资源战略应该促使企业发展与员工发展相统一,使两者共同成长。企业战略是制订人力资源战略的前提和基础,人力资源战略应该服从和服务于企业战略,支持企业战略目标的实现。

(三)长期性原则

人力资源战略关注的重点是企业人力资源的长期发展,是对企业经营战略的长期影响,而不是短期的眼前所面对的问题。因此,企业人力资源战略通常以 5 年或 5 年以上为宜。企业人力资源战略只有规定了未来一段时期内企业人力资源管理的发展方向、目标和实现途径与对策以后,才能对企业人力资源的总体发展起到指导作用,并发挥对企业人力资源发展活动的促进和约束作用。

(四)适应性原则

人力资源战略必然要受到企业外界环境和内部条件的影响和约束。因此,人力资源战略必须因地制宜,要既能够适应外部环境的变化,又能满足企业内部的各项约束条件。此外,人力资源战略要符合企业内外各方面的利益,才能得到员工的认同。

(五)可行性原则

可行性是指企业一旦选择了某个发展战略,就必须考虑企业能否成功地实施该战略,企业是否具有足够的财力、物力等资源支持该发展战略的实施。如果在可行性上存在疑问,就需要扩大企业人力资源战略的研究范围,考虑采用何种方式来获取战略实施所需要的资源,或考虑选择其他的发展战略。在许多情况下,如果企业在开始实施发展战略时并不知道应该采取哪些行动,这就说明企业所选择的战略可能是不可行的。

(六)动态性原则

人力资源战略管理是一个与企业战略动态匹配的过程。在现实的管理过程中,企业战略是动态发展的,它会随着企业内外环境的变化、企业目标的改变而不断发生变化。企业战略对人力资源管理中的人员招聘、绩效考核、薪酬管理等方面有着重要的影响。因此,人力资源战略应与企业的发展战略相配合,针对不同的企业战略,采取不同的人力资源战略。

二、人力资源战略的内容

人力资源战略从企业使命的角度定义了人力资源管理工作的落脚点,并为完成这一使命提出目标、做出谋划。作为一种总体性谋划,人力资源战略具有一定的内在结构。关于人力资源战略的内容构成,众多学者提出了不同观点。本书在综合各种观点的基础上,认为完整的人力资源战略方案包括人力资源战略指导思想、人力资源战略目标和人力资源战略措施。

(一)人力资源战略指导思想

人力资源战略指导思想是指导战略制定和执行的基本思想。确定人力资源战略指导思想应该注意以下问题:

1. 以企业发展目标为导向。人力资源战略的轴心应该是企业的发展目标,各项人力资源战略目标和规划措施都应该围绕企业发展目标加以开展。

2. 实现人力资源管理系统的整体优化。人力资源管理系统是一个由各个方面有机结合而成的复杂系统，要对诸功能模块要素进行优化组合与合理配置，实现系统整体优化，协调和平衡局部与局部之间、局部与整体之间得相互适应关系，力求提高人力资源管理效率和效益。

3. 放眼长远，统筹未来。制定和实施企业战略都必须具有长远观点，切忌急功近利。

4. 以人为本。实现以人为中心的管理，真正体现尊重人、理解人和关心人，充分依靠和调动员工的积极性，尊重员工的首创精神。

（二）人力资源战略目标

1. 人力资源战略目标的内容

人力资源战略目标是指企业通过实施人力资源战略，在人力资源的吸引、开发、使用等方面要达到的绩效。人力资源战略既要考虑组织目标的实现，又要考虑员工个人的发展，强调在实现组织目标的同时实现个人的全面发展。人力资源战略目标包括环境目标、配置目标、职能目标等。人力资源战略是一种特殊的职能战略，是公司战略的实施保障，甚至有时候是公司战略的重要组成部分。因此，人力资源战略的目标应尽可能具体、现实。

人力资源战略目标包括人力资源部门的战略目标和非人力资源部门的战略目标。显然，两者有所不同，属于专业的人力资源部门的战略目标不一定是全体管理人员的人力资源战略目标与任务，而属于全体管理人员承担的人力资源战略目标，一般都需要专业人力资源部门的支持。人力资源战略目标主要包括以下三个方面：首先，保证组织对人力资源的需求得到最大限度的满足；其次，最大限度地开发与管理组织内外的人力资源，促进组织的持续发展；最后，维护与激励组织内部人力资源，使其潜能得到最大限度的发挥，使其人力资本得到应有的提升与扩充。

2. 人力资源战略目标的作用

将人力资源各项发展目标写进人力资源战略中，就形成了各项人力资源战略目标。人力资源战略目标既是人力资源战略构成的基本内容，也是人力资源管理工作需要遵循的工作指南，还是通过一定时期的努力后所要达到的结果和期望。

人力资源战略目标的作用主要表现在四个方面，即在战略体系中的作用、在战略制订过程中的作用、在战略实施过程中的作用和在战略控制过程中的作用。

（1）在战略体系中的作用。在人力资源战略的构成中，人力资源战略目标是不可或缺的根本因素，处于核心地位，其他因素都要服务和服从于这个目标。

（2）在战略制订过程中的作用。人力资源战略目标是战略选择和对策组合的基本依据和出发点，科学的战略目标既能体现人力资源主体系统的发展方向和企业的具体期望，又能体现出战略制订的基本思路。

（3）在战略实施过程中的作用。人力资源战略目标是人力资源战略实施的指导原则,它能从战略的层面引领人力资源主体系统的发展和运行,有效配置人力资源,固化人力资源战略的具体模式。

(4)在战略控制过程中的作用。评价和检验人力资源战略好坏和实施效果的标准就是人力资源战略目标,人力资源战略目标是否得以实现是衡量战略成功与否的标尺,企业往往根据人力资源战略目标确定的发展轨迹来决定是继续执行原有战略还是对原有战略进行必要的修正。

3.人力资源战略目标的特征

科学的人力资源战略目标应该具有六个方面的特性,即明确性、现实性、激励性、可接受性、可操作性和可检验性。

(1)明确性。人力资源战略目标的表述必须明白无误,言简意赅,易于被人理解,不致产生歧义。

(2)现实性。人力资源战略目标不是凭空想象的,必须从实际出发,实事求是。

因此,在制订目标时,必须以人力资源现状分析和人力资源发展预测的结果为客观依据。

(3)激励性。人力资源战略目标要能够起到激励作用。目标的制订要适当,过高难以实现,过低又缺乏挑战性,要在人们努力程度可以达到的范围之内。同时,目标的表述要铿锵有力,朗朗上口,要能激发员工的活力。

(4)可接受性。人力资源战略目标的实现,是全体人员共同奋斗的结果,因此要得到全体人员的认可和接受。而要做到这一点,就要兼顾各方利益,也就是说,人力资源战略的目标与相关各方的利益之间不能存在冲突。因此,在制订人力资源战略目标时,要充分征求有关各方的意见,权衡利弊,谨慎行事。

(5)可操作性。人力资源战略目标的制订是为了实施。既然如此,目标本身就要便于按层次、系统和时间阶段分解,要能够转化为具体的可操作的目标和计划,最终明确到若干个具体任务,具体分配给相关的部门或个人,以利于工作的完成和战略目标的实现。

(6)可检验性。人力资源战略目标应该是可以检验的,否则,我们就无从知晓战略目标完成与否。人力资源战略目标要具有可检验性就是要使目标定量化。越是近期的和具体的目标,越应该量化。但是,对于长期的目标,全部的量化的确具有一定的难度,这时需要用明确的详细的定性术语来表达,并辅之以量化的范围或进度以便于检验。

4.人力资源战略目标的层次

舒勒和胡博于1993年指出,人力资源战略目标应该包括三个层次:

(1)直接目标:吸引员工、留住员工、激励员工和培训员工。

(2)具体目标:提高员工生产率、改善工作质量、遵从法律的要求、获取竞争优势、增强员工的灵活性。

（3）最终目标：维持组织的生存、促进组织的发展和利润增长、提高组织的竞争力和适应内外部环境的灵活性。

5. 人力资源战略目标的实现期限

设立战略目标的同时，应定有每个项目预定完成的期限，以便进行检查、自我控制、评价和调整。战略目标分为长期战略目标与短期战术目标。前者的实现期限通常会超出一个现行的会计年度，通常为5年以上；后者是执行目标，是为实现长期战略目标而设计的，它的实现期限通常在一个会计年度内。若干个战术目标共同支撑和构成战略目标。

第二节 人力资源战略的类型

人力资源战略从不同角度可以划分为不同的类型，为了实现不同的组织目标，企业必然选择不同的人力资源战略。下面将介绍常见的人力资源战略分类。

一、基于战略重点的分类

基于人力资源战略重点的不同，人力资源战略可以分为吸引战略、投资战略和参与战略。

1. 吸引战略

吸引战略与成本领先的竞争战略相联系，主要是通过丰厚的薪酬来吸引人才，从而形成一支稳定的高素质的员工队伍。常用的薪酬制度包括利润分享计划、奖励政策、绩效奖酬、附加福利等。由于薪酬较高，人工成本势必增加。为了控制人工成本，企业在实行高薪酬的吸引战略时，往往要严格控制员工数量，所吸引的也通常是技能高度专业化的员工，招聘和培训的费用相对较低，管理上则采取以单纯利益交换为基础的严密的科学管理模式。

2. 投资战略

投资战略与差异化的竞争战略相联系，主要通过聘用数量较多的员工，形成一个备用人才库，以提高企业的灵活性，并储备多种专业技能人才，这种战略注重员工的开发培训，注意培育良好的劳动关系。在这方面，管理人员担负了较重的责任，以确保员工得到所需的资源、培训和支持。采取投资战略的目的是要与员工建立长期的工作关系，故企业十分重视员工，以员工为投资对象，使员工感到有较好的工作保障。

3. 参与战略

参与战略与集中化的竞争战略相联系，它谋求员工有较大的决策参与机会和权利，使员工在工作中有自主权，管理人员更像教练一样为员工提供必要的咨询和帮助。采取这种战略的企业很注重团队建设、自我管理和授权管理。企业在对员工的培训上也较重视员工的沟通技巧、解决问题的方法、团队合作技巧等内容。

二、基于企业变革程度的分类

1994年史戴斯（Stace）和顿菲（Dunphy）根据企业变革程度，将人力资源战略分为四种类型：家长式战略、发展式战略、任务式战略和转型式战略。

1. 家长式战略

家长式人力资源战略主要运用于避免变革、寻求稳定的企业，其主要特点是：集中控制人事的管理；强调程序、先例和一致性；进行组织和方法研究；硬性的内部任免制度；人力资源管理的基础是奖惩与协议。

2. 发展式战略

当企业处于一个不断变化和发展的经营环境时，为适应环境的变化，企业将采取发展式人力资源战略，其主要特点是：注重发展个人和团队；尽量从内部进行招聘；实施大规模的发展和培训计划；运用内在激励多于外在激励；优先考虑企业的总体发展；强调企业整体文化；重视绩效管理。

3. 任务式战略

采取任务式战略的企业面对的是局部变革，战略的制定采取自上而下的指令方式。这种单位在战略推行上有较大的自主权。但要对本单位的效益负责。采取这种战略的企业依赖于有效的管理制度，其特点是：注重业绩和绩效管理；强调人力资源规划、工作再设计和工作常规检查；注重物质奖励；内部和外部招聘并重；进行正规的技能培训；有正规程序处理劳动关系问题；强调战略事业单位的组织文化。

4. 转型式战略

当企业完全不能适应经营环境而陷入危机时，全面进行变革势在必行，企业在这种紧急情况下没有时间让员工较大范围地参与决策。彻底的变革有可能触及相当部分员工的利益，因而不可能得到员工的普遍支持，企业只能采取强制高压式的全面变革，它包括企业战略、组织机构和人事任用方面的重大改变，可能会创立新的结构、领导和文化。与这种彻底变革相匹配的是转型式人力资源战略，这种战略重在调整员工队伍的结构，进行较大规模的裁员，缩减开支，从外部招聘管理骨干；对管理人员进行团队训练，建立新的企业理念；打破传统习惯，摒弃旧的组织文化；建立适应经营环境的人力资源管理体系。

三、基于员工管理理念的分类

1989年舒勒（Schuler）基于公司对员工的管理理念，将人力资源战略分成三种类型：累积型、效用型和协助型。

1. 累积型战略

累积型战略即用长远观点看待人力资源管理，注重人才的培训，通过甄选来获取合适的人才。基于建立员工最大化参与的技能培训，以获取员工的最大潜能，开发员工的能力、技能和知识。

2. 效用型战略

效用型战略即用短期的观点来看待人力资源管理，较少提供培训。基于对员工的承诺及高技能利用极少，录用具有岗位所需技能且立即可以使用的员工，使员工的能力、技能与知识能配合特定的工作。

3. 协助型战略

协助型战略介于累积型和效用型战略之间，个人不仅需要具备技术性的能力，同时在同事间还要有良好的人际关系。在培训方面，员工个人负有学习的责任，公司只提供协助。可见，当企业将人力资源视为一项资产时，就会采取累积型战略，加大培养力度；而当企业将人力资源视为企业的成本时，就会选择效用型战略，只提供较少的培训以节约成本。

四、基于人力资源管理环节的分类

在人力资源管理实践中，根据管理环节的不同，可将人力资源战略划分为获取战略、使用及培养战略和保留战略。

（一）获取战略

从人力资源获取的角度将人力资源战略分类如下：完全外部获取战略、完全内部获取战略和混合获取战略。以下阐述各种战略模式的特点及适用条件。

1. 完全外部获取战略

顾名思义，完全外部获取战略即企业的人力资源完全从外部市场获得。此战略的目标在于使企业的培养成本最低。采取完全外部获取战略的企业与员工之间通常是一种纯粹的利益关系，两者之间的权利和义务主要是依靠契约确立的。因此采用此类战略的企业，其员工流动率通常会比较高，企业主要依靠有竞争力的薪酬吸引劳动力进入企业，因此选择此类战略要求企业所在地的劳动力市场相对较发达。通常采用这类战略的企业对员工的投入主要表现在薪酬上，而在培训等方面的花费很低。这类人力资源战略要求企业的工作说明及各类规范制度完善、明确，企业尽量实行标准化的管理，减少企业活动对员工的依赖，并将工作说明作为招聘时对申请人员进行审核的主要依据。

完全外部获取战略适用于所在地劳动力市场较健全的企业，因为这类企业可以随时在市场上招到需要的人；同时，采用该战略企业的各类活动通常标准化程度较高，对员工的依赖性较低。

完全外部获取战略的优点在于从外部获取人员，能够吸纳大量优秀的各方面人才，使员工队伍更加优良，进而加强企业的创造力；该战略的缺点在于员工对企业的认同感不高，企业员工队伍不稳定，并且具有不同的文化背景，这样会加大员工之间的观念冲突，增加企业的协调沟通成本。

2. 完全内部获取战略

完全内部获取战略即企业人员绝大部分是由内部获取。这类战略的目标在于通过培养内部员工提高企业凝聚力，从而提高企业竞争力。采取完全内部获取战略的企业与员工的关系不仅仅是契约关系，企业会通过福利、培训等方式加强员工的归属感，因此企业在员工身上的投资大幅度增加。完全内部获取战略的工作规范不是很严格，在招聘时主要的依据也不是工作规范，而是重视申请人员的培养潜力。

完全内部获取战略适用于企业文化较强大，能够在很大程度上影响企业员工行为的企业，同时企业活动对于团队合作的程度要求较高。

完全内部获取战略的优点在于通过内部培养人才，能够加强员工对企业的认同感，会使企业的人力资源队伍相对稳定，且企业内部的沟通会相对顺畅；这类战略的缺点在于企业员工的流动率较低，因此企业的创造力会下降。

3. 混合获取战略

混合获取战略即企业的员工通过外部市场和内部市场相结合的方式获得的战略模式。

混合获取战略是通过综合外部获得人力资源和内部培养两种方式的优缺点，对企业的不同类型人员运用不同的获取方式，进而达到人力资源获取的最优。例如，有的企业对中高层管理人员的企业认同感要求较高，就会考虑对这个层次的员工使用内部获取战略，而对于从事基本工作的员工，企业可能会考虑使用外部获取战略；也有的企业考虑到对研发设计人员的创造性要求较高，因此可能主要会使用完全外部获取战略，而考虑到对市场销售人员的企业忠诚度要求较高，因此企业会考虑使用内部培养战略。

混合获取战略适用于规模较大、部门较多的企业。此战略的优点在于综合使用两种战略，对不同的人员采用不同的管理方法，使得人力资源管理更加合理和科学。此战略的缺点在于增加了人力资源部门的工作量，对企业人力资源部的要求也较高。如果企业的人力资源部门不能很好地实施各项战略，会造成企业人力资源管理的混乱，进而影响员工的工作。

（二）使用及培养战略

从人力资源使用和培养的角度对人力资源战略进行分类，将这两类功能合并起来，从企业对这两项功能投资多少的角度看，人力资源战略分为低成本战略、高投入战略和混合战略三类。

1. 低成本战略

低成本战略即尽量降低企业使用员工的成本。此战略的主要目标在于最大限度地降低人力资源的使用成本。选择此战略的企业基本没有对员工的培训，对员工的考核主要是通过对工作结果的评价得出的，往往以企业利益最大化为指标考核员工。此类战略下，员工与企业的关系是单纯的契约关系，员工对企业的认同感不高，企业在员工身上的投资也很低。企业也不会为保留员工而增加用人成本，因此人员流动率较高。采用此类战略的企业也会尽量降低招聘的成本。

以成本优势为核心竞争力的企业会采用这种人力资源战略。这种战略的使用会带来高员工流动率，因此采用此战略的企业通常具有以下特征：（1）企业所在地的劳动力市场相对健全，不会因为人力资源的流失而影响到企业的正常活动。（2）组织结构为机械式组织，这种组织结构具有层级严格、职责固定、高度正规化、沟通渠道正式、决策集权化等特点。（3）产品更新速度不快，生产活动标准化程度高。

低成本战略的优点在于最大限度地降低了人力资源管理的成本；缺点在于从降低成本的角度考虑人力资源管理活动，可能会降低员工对企业的忠诚度，导致企业员工凝聚力差。

2. 高投入战略

高投入战略即在用人和育人方面投入较大的人力资源战略。此战略通过对员工队伍增加投资，进而提高企业效率。该战略的主要特点在于对员工的投入较大，企业关注员工在企业内的成长，并因此投入人力、物力，企业人员的流动率也就相对较低。此类战略对员工的考核也不再是只关注结果，而是结合过程和结果共同进行。在培训方面，企业也会付出大量物力给员工以较好的培训。员工的成长带动企业成长是该战略的目标所在。在招聘方面，企业为了招聘到优秀的员工投入也会较大。

此类战略适用于以下几类企业：（1）以团队精神、创造力等因素作为核心竞争力的企业。（2）产品更新快、创造性要求高的企业。（3）采用有机式组织结构的企业，因为该类组织的特点是合作、不断调整的职责、低正规化、低复杂性和分权化。

高投入战略的优点在于企业对员工的高投入，能够吸纳或培养大量优秀员工，提高企业的整体竞争力；缺点在于企业对员工的投入高会提高企业的成本。

3. 混合战略

混合战略即混合使用上述两种战略的人力资源战略。该战略通过对不同的员工使用低成本战略或高投入战略，从而让企业的资源得到最优化使用。该战略的特点是综合了以上两种战略的特点，并根据具体情况使用在不同员工身上。例如，企业可能对高技术研发人才采取高投入战略，而对生产线上的工人实施低成本战略。

混合战略通常适用于规模较大、员工数量较多、职能划分较明确的企业。该战略针对不同的员工采用不同的战略，综合两者的优势，使人力资源管理更加科学和合理。缺点在于它需要企业具有较强的人力资源管理能力，如果企业不能良好的执行既定的战略，往往会造成人力资源管理的混乱，其效果可能反而不如使用单一的人力资源战略所达到的效果。

五、基于与企业战略关系的分类

1. 创新型战略

在这种情况下，人力资源战略不仅与企业战略相一致，而且在某些方面引领企业战略，对企业的竞争战略有巨大的影响。在创新方面，人力资源战略特别强调企业文化，强调自我导向、团队意识，倡导开放与合作的企业文化。注重决策的参与性以及信息的交流是此种类型战略的特点。

2. 肯定型战略

肯定型战略强调人力资源战略与企业战略之间内外部的一致与匹配。在强调外部环境影响的同时，也更加注重企业本身的核心素质，认为人力资源战略是企业内部与外部信息交换的产物。因此，肯定型人力资源追求的是平衡、匹配。具体特点是：注重内、外部环境的有机结合；在制定战略时需要充分考虑所有相关利益者的利益。

3. 响应型战略

与前面两种人力资源战略类型不同，响应型人力资源战略表现为消极地应对环境与企业战略。似乎企业战略与人力资源战略是两条平行的轨道，人力资源战略只是被动地与企业战略相结合，而不是主动地与企业战略建立联系，采取的是一种跟随策略，被企业战略牵着鼻子走。表现出来的特点是：对外部环境不敏感；对组织的核心素质没有系统分析，没有建立起与人力资源战略相衔接的流程方式；由于概念上落后于公司战略，人力资源部门的职能被削弱、合并。

第三节 人力资源战略的选择

由于每个企业所采用的企业战略、竞争战略、所处的生命周期以及所属产业特点都有所差异，因此在制定本企业的人力资源战略时，要综合考虑上述条件，力求达到与企业的发展模式相匹配，制定出个性化的符合企业自身特点的人力资源战略。

一、与企业战略相匹配的人力资源战略选择

企业战略是企业立足于全局的整体策略，是对企业总体的行动路线和发展方向的规划，主要回答组织是继续扩张、维持还是收缩这类重大全局性问题。美国管理学者德鲁克（Drucker）在对战略选择进行深入研究后，按战略态势提出了三种战略类型，即稳定型战略、收缩型战略和扩张型战略。企业战略决定了企业的总体发展目标和方向，因此也就决定了企业内部的发展目标，同时决定着人力资源战略的发展方向和目标。

1. 基于稳定型战略的人力资源战略选择

稳定型战略是指企业立足于把各种资源分配和经营状况维持在目前的状态和水平上的战略。采用稳定型战略的企业通常所具有的条件包括：企业所处的外部环境较为稳定，而企业本身也是成功的；企业经过一阵激烈的增长或收缩之后，采取稳定型的战略利于企业休养生息，等待机会。

稳定型战略的特点是企业的经营基本保持目前水平，不会有大的扩张或收缩行动。因此，采用此种战略的企业的组织一般不会调整，人力资源战略也会相对稳定，即人力资源战略的目标就是谋求人力资源活动的稳定运行，不会出现大量的裁员或招新等这样的行动。由于企业处于维持现状的状态，企业成长的机会有限，企业给予员工的发展和锻炼的机会也很少，因此有可能会导致部分员工的离职。公司采取稳定型战略时，人力资源战略的重点是留住公司的核心员工，维持公司人员的稳定，所以可以考虑从留人的角度选择人力资源战略。如果公司的生产活动对员工依赖性较低，完全可以选择不留人战略，以节约开支，维持现有生产水平。

2. 基于收缩型战略的人力资源战略选择

收缩型战略是指企业从目前的战略经营领域收缩或撤退，以摆脱目前或将要出现的困境，等待状况转好、时机成熟时东山再起。企业采用收缩战略的条件有：企业以前的战略失败，而立刻采取新的扩张战略又缺乏应有的资源；企业市场占有率下降、利润率低，却又无力扭转局势；环境中存在巨大的威胁因素，而企业的内部条件又不足以克服这些威胁；企业打算从本行业撤出，通过采取紧缩战略，调整资源准备进入新行业。

收缩型战略的特点是企业经营范围或领域缩小，也可能完全退出某些经营领域。采用此战略的企业，要对组织的结构以及经营管理程序进行重新的思考和选择，以降低运营成本。人力资源战略肯定要做相应调整，降薪和裁员是通行的做法。采取收缩型战略的企业的人力资源战略的重点是规划和实施好员工的解雇工作以及对剩余员工

的管理工作。员工的解雇主要包括解雇人员的计划、解雇的方式以及再安置的问题，对于剩余员工的管理，主要是增强员工安全感和提高员工士气的问题。

3. 基于扩张型战略的人力资源战略选择

扩张型战略是指企业扩大经营领域的规模，或向新的经营领域拓展的战略。扩张型战略的特点是扩大或开辟新的经营领域。实现扩张的途径有两种，内部途径包括开发新产品、开辟新销售渠道、增加市场份额等，外部途径有收购其他企业、创办合资企业等。企业采取扩张型战略的原因有：扩张能使企业获得社会效益；能够获取规模经济的效益，增强企业的市场竞争地位；新的机会与企业的内部优势相吻合。

企业采取扩张型战略，人力资源战略的重点是做好人力资源的补充和购并企业的人员调整工作。采用此战略的企业的人力资源管理工作中，招聘是重要的一环，企业需要根据扩张后的企业规模、结构、资金实力、销售渠道等各方面的因素选择人力资源战略。

二、与竞争战略相匹配的人力资源战略选择

竞争战略的核心问题是如何建立、拥有和长期保持竞争优势地位。竞争战略的关键环节是能否制定出可以保持持久竞争优势的行动方案和经营策略。

根据哈佛大学的波特教授提出的一般竞争战略理论，一个企业在严酷的市场竞争中生存和发展的关键在于其产品的"独特性"和"顾客价值"，二者缺一不可，否则企业就很难在竞争中取得优势。为获得竞争优势，企业可采取三种基本的战略：成本领先战略、产品差异化战略和市场聚焦战略。无论哪种战略，其实质就是企业面对竞争所采取的策略。企业由于竞争策略的不同而对人力资源管理提出不同的要求，进而影响到了人力资源战略的制定。

1. 成本领先战略下的人力资源战略选择

成本领先战略的主导思想是以低成本取得行业中的领先地位。企业在采取这种战略时力求在生产经营活动中降低成本、扩大规模、减少费用，使自己的产品比竞争对手的产品在成本上低，从而可以凭借低价格和高市场占有率保持竞争优势。这种战略适合成熟的市场和技术稳定的产业。追求成本领先的实质是追求较高的生产率，达到规模收益。通常可以通过加大资本有机构成的方式实现，也就是说用更多的机器代替员工，减少员工的使用量，使用技术含量更少的员工，降低员工的总体使用成本。采用成本领先战略的企业由于技术的替代而对员工的创造性要求不高，所以员工的素质不高，员工的参与度也很低。采用这类竞争战略的企业可以考虑选择低成本战略、不留人战略等作为企业的基本人力资源战略。

2. 产品差异化战略下的人力资源战略选择

产品差异化战略的实质是向市场提供别具一格的产品或服务，来建立自己的竞争优势，并利用差异化所带来的高额附加利润补偿因追求差异化而增加的成本，获取高额利润。产品差异化战略的重点在于差异，而差异来源于创新。当企业采取差异化战略时，企业的创新性行为是企业竞争的源泉。创新来源于企业的每位员工，因此企业对员工的行为要求是：创新性要求高，合作性要求较高；着眼于长远的利益；更关心质量而不是数量；关心过程也关心结果；工作的弹性较大，没有严格的工作规范，自主性强。由于采用差异化战略的企业对员工的创造性要求非常高，员工对于工作的参与程度很高，因此此类企业适合选择外部获取战略和高投入战略等作为人力资源战略。

3. 市场聚焦战略下的人力资源战略选择

市场聚焦战略的主导思想意味着企业不是面向整体市场进行全线作战，而只是占据某一特定的细分市场，谋求局部的优势。企业将产品聚焦于某一特定的顾客群、某类特殊商品、某个特定地理区域或其他某个方面。在这个细分市场上，企业或运用成本领先战略或运用产品差异化战略，或兼而用之，以期战胜对手。市场聚焦战略由定义可知是成本领先战略和产品差异化战略在特定市场的应用，因此与市场聚焦战略匹配的人力资源战略要根据企业采用的是以上何种战略而定。

三、与企业生命周期相匹配的人力资源战略选择

企业生命周期理论由美国著名管理学家伊查克·爱迪思（Ichak Adizes）提出。他在《企业生命周期》一书中，将企业生命周期划分为三个阶段：成长阶段、盛年阶段、老化阶段。结合中国企业的实际情况及人力资源管理的需要，我国的研究人员将企业生命周期划分四个阶段：初创阶段、成长阶段、成熟阶段和老化阶段。

1. 初创阶段的人力资源战略选择

初创阶段的企业还没有得到社会认可，实力也很弱，但极富灵活性和成长性。初创阶段的企业重点在于发展业务，增强自身实力，因此企业的内部管理机制很不完善，员工没有很明确的职责规范。此时的企业规模小，人员少，没有明确的组织结构，没有明确的企业战略和人力资源战略，人力资源管理工作还处于起步阶段，甚至还没有设立人力资源部。因此，此阶段的人力资源工作的重点在于招聘优秀的员工以促进企业发展，同时注重为企业未来辨识和培养核心人才。

2. 成长阶段的人力资源战略选择

成长阶段的企业经营规模不断扩大，主营业务不断扩展，各种资源全面紧张；组织形态走向正规化，机构相对完善，企业规章制度日益建立和健全，企业文化逐渐形成。人力资源状况的特点是：由于企业规模的不断扩张，企业对人才的需求迅速增加；企

业组织向正规化发展，各项规章制度开始建立、健全，人力资源工作开始逐步正规化；人力资源部门开始参与包括人力资源战略在内的企业战略的制定。此时人力资源部门的工作就是为不断成长的企业调配足够的人员，因此招聘工作成为人力资源工作的重点，同时对老员工的培训和选拔也逐渐成为企业的人力资源工作的主要内容。

3. 成熟阶段的人力资源战略选择

成熟阶段是企业生命历程中最为理想的阶段。在这一阶段，企业财务状况大为改观；企业的制度和组织结构业已完善并充分发挥作用；企业的创造力和开拓精神得到制度化保证；企业一切以顾客至上为原则，重视顾客的需求，注意顾客满意度。此时人力资源状况表现为：个人在企业中的作用开始下降，转而主要依靠企业的规范化维持管理运作；企业的发展速度减缓，企业人员需求量下降，员工的创新意识下降，企业活力开始衰退；企业的各岗位满员，人员晋升困难，对有能力者的吸引力开始下降，有企业人才流失的压力。因此，处于本阶段的人力资源战略的重点在于培养创新型的企业文化和防止核心员工的流失。创新型的企业文化，能够延长企业的成熟期，不断推出新的产品可以使企业重新焕发生机，同时必须完善员工的晋升通道和员工的职业生涯设计，以留住核心员工。

4. 老化阶段的人力资源战略选择

老化阶段是企业生命周期的衰落阶段，此时企业内部缺乏创新，没有了初创阶段的冒险精神，活力的丧失预示着危机的到来。老化阶段的企业特征是：企业增长乏力，竞争能力和获利能力全面下降，资金紧张；制度繁多，又缺乏有效执行；企业员工自保意识不断增强，做事越来越拘泥于传统、注重形式，只想维持现状。老化阶段的人力资源状况表现为：企业人心涣散，核心人才已经严重流失；企业员工大量冗余，同时企业的人力成本压缩，工资较低；企业员工凝聚力下降。因此，处于此阶段的企业的人力资源战略的重点在于留住企业核心人才，为企业东山再起提供条件。同时，进行有计划的裁员，降低企业的成本，增加企业灵活性。

四、与企业所属产业特点相匹配的人力资源战略选择

依据不同产业在社会再生产过程中对劳动力、资金、技术等的依赖程度的差别将社会产业分为劳动密集型产业、技术密集型产业和资本密集型产业。因此，可以将隶属于不同产业的企业也分为劳动密集型企业、资本密集型企业和技术密集型企业。

1. 劳动密集型企业的人力资源战略选择

劳动密集型企业是指以劳动力为主要劳动因素，单位资本支配劳动力较多的企业。一般认为，商贸餐饮、运输通信、文教卫等服务业和轻纺服装、食品加工、电子通信设备等制造业以及建筑业，都属于吸纳劳动力相对较多的劳动密集型产业。劳动密集

型企业的特点是：单位资本推动的员工数量较多，因此企业员工的薪酬是企业的一项重要成本；此类企业的产出一般为标准化产品，因此对人员素质要求不是太高；此类企业通常投资在物上的资金大于投资在人员上的资金，因此劳动密集型企业可以采用外部获取战略、低成本战略、不留人战略等人力资源战略作为基本人力资源战略。

2. 资本密集型企业的人力资源战略选择

资本密集型企业主要是指以资本为主要劳动因素的企业，一般拥有大量的资金。与劳动密集型产业相比支配同等数量的劳动，所使用的资本量相对较大。它的特点是：单位劳动力所占用的资本量较大，因此人力资源的成本对企业来说不是一项相对较大的支出；此类组织一般为大型组织，其结构通常是机械型组织；企业产出不再是单纯的标准化的产品。在资本密集型产业中有的企业也需要大量的不同类型的劳动力从事研发、生产、制造和销售等工作，因此资本密集型企业可以选择的人力资源战略范围较广，企业可以适当选择混合战略或根据企业自身特点选择需要的人力资源战略。

3. 技术密集型企业的人力资源战略选择

技术密集型企业主要是指以技术为主要劳动因素的产业，如高科技产业，它一般拥有少量的资金和少量的人员。如果一个产业属于技术密集型产业，就是指在社会再生产过程中对技术的依赖程度强于对资金和劳动力的依赖程度。一般认为电子工业、航天工业等均属于技术密集型产业。技术密集型企业的特点是：企业对技术依赖程度高，因此对于承载技术创新的专业人员的依赖程度高；技术密集型企业的产品生命周期短，更新速度快，对企业技术的创新要求高。因此，技术密集型企业适合采用高投入战略、诱导留人战略、外部获取战略等人力资源战略作为基本人力资源战略。

第六章 人力资源管理战略与规划

第一节 工作分析

一、工作分析的定义

工作分析，是指根据工作内容，分析工作的性质、繁简难易、责任轻重，执行工作应具备的学识技能与经验，进而制定担任工作所需的资格条件。

在瞬息万变的工作环境中，一个适当的工作分析体系是至关重要的。新的工作不断产生，旧的工作要重新设计。参考一份几年前所做的工作分析可能会得到不够确切的数据资料。但重要的是，工作分析可帮助组织察觉环境正发生变化这一事实。来自工作分析中的数据实际上对人力资源管理的每一方面都有影响。工作分析资料的主要作用是在人力资源计划方面。仅认识到一个公司将需要 1 000 名新员工生产产品或提供服务以满足销售需要是不够的，我们还应知道，每项工作都需要不同的知识、技能和能力。显然，有效的人力资源规划必须考虑到这些工作要求。

如果招聘者不知道胜任某项工作所必需的资格条件，那么员工的招聘和选择就将是漫无目的。如果缺少适时的工作说明和工作规范，就会在没有一个清楚的指导性文件的情况下去招聘、选择员工，而这样做的结果将会是很糟的。实际上，当企业在获取原材料、供货或设备这些资源时，这种做法也是不曾听说过的。例如，即使在订购一台复印机时，采购部门通常也会提出精确的说明。当然，在寻求企业的最有价值的资产（人力资源）时，也应采用同样的逻辑。

再者，工作规范中的信息在确定人力资源开发需求方面常常是很有用的。如果工作规范指出某项工作需要特殊的知识、技能或能力，而在该职位上的人又不具备所要求的条件，那么培训和开发可能就是必要的了。这种培训应该旨在帮助工人履行现有工作说明中所规定的职责，并且帮助他们为升迁到更高的工作职位做好准备。至于绩效评价，应根据员工完成工作说明中规定的职责的好坏进行。

在报酬方面，在用货币体现某项工作的价值之前必须了解其对于公司的相对价值。

相对来说，工作的职责越重要，工作就越有价值。要求有更多的知识、技能和能力的工作对公司来说应该更具价值。例如，要求具有硕士学位的工作的相对价值要高于只需高中文凭的工作。

二、工作分析的作用

工作分析是企业进行招聘、晋升和业绩考核、培训工作的基础，因此，它对企业有效地进行人力资源的开发与利用有着非常重要的作用：

1. 它为企业编制定员提供了科学的依据

有了工作分析作为基础，企业管理人员就可以明确了什么地方需要什么样的人员，需要多少人员。这就为企业合理配备人力，协调班组及部门之间的关系，最终达到人员的优化组合打下基础。

2. 它为企业聘用和考核职工提供了客观标准

企业在招聘员工时，可根据工作分析中所列示完成工作所需要的技巧、知识和能力，对备选人员进行考核，在录用时可以减少主观成分，为职位申请人创造一个公平竞争的环境。员工也可以根据不同岗位的要求找到适合自己的位置，使每个人都能充分施展其才华。同时，工作分析明确规定了各项工作的责、权、利工作规范和要求，使考核工作更具体、合理、准确和客观，可减少员工的不满情绪，促使其提高工作效率。

3. 它为确定员工的工资待遇和进行培训提供了客观基础

由于工作分析明确了每项工作的内容、技术要求、所需知识、能力、责任等，从而知道完成该项工作需要的技术等级，责任大小，甚至所花的时间等，这就为企业合理、准确地确定员工的工资待遇提供了客观的依据。同时，工作分析中要求员工掌握的知识技能，也就是企业对员工进行培训的主要内容和任务。

4. 有利于员工明确努力方向，改善企业内部的人际关系

由于工作是高层管理者设定的，而工作分析则清楚地表明了高层管理者认定的重要事项或方向，这样就会给员工明确暗示，什么最重要，何处需要努力。同时工作分析使职工的工作具体明确，职责分明，考核、奖惩、晋升有了科学的标准和依据，从而大大减少企业员工之间，员工与各部门之间的矛盾和纠纷，改善了企业内部的人际关系，增强了企业的凝聚力。

三、工作分析的内容

工作分析的内容包括工作分析要素、工作说明、工作规范等三个部分，下面分别阐述。

（一）工作分析要素

要进行工作分析，首先必须弄清该项工作有哪些要素构成，具体含义是什么。一般来说，工作分析包含的要素有七个：

（1）什么职位。工作分析首先要确定工作名称、职位。即在调查的基础上，根据工作性质、工作繁简难易、责任大小及资格等四个方面，确定各项工作名称、并进行归类。

（2）做什么。即应具体描述工作者所做的工作内容，在描述时应使用动词，如包装、装载、刨、磨、检测、修理等等。

（3）如何做。即根据工作内容和性质，确定完成该项工作的方法与步骤，这是决定工作完成效果的关键。

（4）为何做。即要说明工作的性质和重要性。

（5）何时完成。即完成工作的具体时间。

（6）为谁做。即该项工作的隶属关系，明确前后工作之间的联系及职责要求。

（7）需要何种技能。即完成该项工作所需要的工作技能。如口头交流技能、迅速计算技能、组织分析技能、联络技能等等。

（二）工作说明

工作说明是有关工作范围、任务、责任、方法、技能、工作环境、工作联系及所需要人员种类的详细描述。它的主要功能有：让职工了解工作的大致情况；建立了工作程序和工作标准；阐明了工作任务、责任与职权；有助于员工的聘用与考核、培训等。编写工作说明时要注意：①描述要具体化而非抽象化。②描述的句子要简明，内容不要过于繁杂，最好不超过三页。③使用技术性术语时加以解释。

（三）工作规范

为了使员工更详细地了解其工作的内容和要求，以便能顺利地进行工作，在实际工作中还需要比工作说明书更加详细的文字说明，规定执行一项工作的各项任务、程序以及所需的具体技能、知识及其他条件。为此，企业在工作分析的基础上，可设立"工作规范书"或将此项内容包括在工作手册、工作指南等之中。所谓工作规范就是指完成一项工作所需的技能、知识以及职责、程序的具体说明。它是工作分析结果的一个组成部分。

第二节 职务设计

一、职务设计的含义

职务设计,又称工作设计,由于原有的职业规范已不适应组织目标、任务和体制的要求;或由于现有人力资源在一定时期内难以达到职务规范的要求;或由于员工的精神需求与按组织效率原则拟定的职务规范发生冲突时需要重新进行职务的设计,以满足一个新的组织目标的需要。

职务设计是指为了有效地达到组织目标与满足个人需要有关的工作内容、工作职能和工作关系的设计。职务设计是根据组织需要并兼顾个人需要,规定某个职务的任务、责任、权力以及在组织中与其他职务关系的过程。这种设计的好坏,对工作绩效有直接影响。

二、职务设计的内容

职务设计的主要内容包括以下五个部分:

1. 工作内容

即确定工作的一般性质问题。

2. 工作职能

指每件工作的基本要求和方法,包括工作责任、权限、信息沟通、工作方法和协作要求。

3. 工作关系

这是指个人在工作中所发生的人与人的关系,包括与他人交往关系、建立友谊的机会和集体工作的要求等。

4. 工作结果

这是指工作的成绩与效果的高低,包括工作绩效和工作者的反应。前者是工作任务完成所达到的数量、质量和效率等具体指标,后者是指工作者对工作的满意程度、出勤率和离职率等。

5. 工作结果的反馈

主要指工作本身的直接反馈和来自别人对所做工作的间接反馈。即指同级、上级、下属人员的三方面的反馈。

一个好的工作设计可以减少单调重复性工作的不良效应,而且还有利于建立整体性的工作系统,此外可以充分发挥劳动者的主动性和创造性提供更多的机会和条件。

三、职务设计应考虑的因素

(一)环境因素

主要包括人力资源和社会期望。职务设计必须充分考虑到人力的供应问题以及人力的满足欲望。

1. 人力资源

这是指在职务设计时要考虑到能找到足够数量的合格人员。如亨利·福特设计汽车装配线时,考虑到当时大多数潜在劳动力缺乏汽车生产经验,因而把职务设计得比较简单。不发达国家往往引进生产设备时,缺乏对人力资源的充分考虑,在花钱购买技术时没有考虑某些关键职务国内合格人才的缺乏,所以事后又不得不从国外高薪聘请相应专家担任所需职务。

2. 社会期望

指人们希望通过工作满足什么。工业化初期,由于城市找工作不容易,许多人可以接受长时间、体力消耗大的工作,但随着文化教育水平的提高,人们对工作生活质量有了更高的期望,单纯从工作效率、工作流程的考虑组织效率往往欲速不达。所以在职务设计时,也必须同时考虑"人性"方面的诸多要求和特点。

(二)组织因素

包括专业化、工作流程及工作习惯。

1. 专业化。就是按照所需工作时间最短、所需努力最少的原则分解工作,结果是形成很小的工作循环。

2. 工作流程。主要是考虑在相互协作的工作团体中,需要考虑每个岗位负荷的均衡性问题,以便保证不出现所谓"瓶颈",不出现任何等待停留问题,确保工作的连续性。

3. 工作习惯。它是在长期工作实践中形成的传统工作方式,反映工作集体的愿望,这是职务设计过程中往往不可忽视的制约因素。

(三)行为因素

行为科学研究提醒人们,职务设计不能只考虑效率因素,还应当考虑满足工作人员的个人需要。

1. 任务一体化。某项职务的突出问题就是缺乏任务的一体化,员工不能参与某些完整的几件工作,他们几乎毫无责任感,缺少对成果的骄傲,在完成本职工作后无任何成就感。如果任务组成能够使职工感到自己做出了可以看得到的贡献,工作满意感将大大增加。

2. 多样性。工作时需使用不同的技巧和能力，如缺乏多样性，会导致疲劳厌烦，可能产生更多的失误。通过职务设计考虑工作的多样性特征，能减少疲劳引起的失误，从而减少效率降低的诱因。经过研究表明：工作轮换对于有效的工作会产生积极的作用，自主权以及多样性的运用是职工满意的主要原因。

3. 自主权。对从事的工作有责任，人们有自由对环境做出自己的反应，给予员工的决策权力，提供附加责任可增强员工受重视的感觉，换句话说，缺乏自主权可引起员工的冷淡及低绩效。

4. 任务意义。和任务一体化密切相关的是任务意义。做任何一种工作如果本身缺乏意义就不可能使执行者对职务工作产生满意感。任务意义就是使工作人员知道该项工作对于组织中或外部的其他人是重要的，使职务对工作人员来说甚至更有意义，因为他们知道其他人正依赖自己的工作，因而加强了自身重要性的感觉，自豪、允诺、激励、满意及较好的绩效就可以自然产生。

5. 反馈。当职务不能给予员工们其工作做得如何的反馈，那么就几乎没有引导和激励。例如，让员工知道自己的产量与日定额相比如何时，就是给了其反馈，并允许他们调整自己的努力，在这种情况下，就可以通过反馈改善激励状况。以上三大因素之间往往是有矛盾的。行为因素要求职务设计增加自主权、多样性、任务的完整性、意义及反馈从而提高员工的满意度，但往往导致组织效率降低，劳务成本上升；效率因素要求提高专业化程度，指挥的统一性，分工的细化，但又可能引起员工不满而导致怠工、缺勤、离职，因此必须在两者之间权衡好，才能确保职务设计的有效性。

四、职务设计的要求及方法

（一）职务设计的要求

（1）全部职务的集合通过职务设计应能顺利地完成组织的总任务，即组织运行所需的每一件工作都落实到职务规范中去。

（2）职务分工应有助于发挥人的能力，提高组织效率。这就要求职务设计全面权衡经济原则和社会原则，找到一个最佳的结合点并保证每个人有效地工作和积极性的发挥。

（3）全部职务所构成的责任体系应能保证组织总目标的实现，即组织运行所要达到的每一个工作结果，组织内每一项资产的安全及有效运行都必须明确由哪个职位负责，不能出现责任空挡的情况。

（4）每个职务规定的任务、责任可以由当时资源条件决定，不能脱离资源约束来单独考虑组织的需要。

(二)职务设计的方法

1. 工作专业化

(1)定义

工作专业化是一种传统的职务设计的方法。它通过动作和时间研究,把工作分解为许多很小的单一化、标准化和专业化的操作内容及操作程序,并对工人进行培训和激励,使工作保持高效率。此种职务设计的方法在流水线生产上应用最广泛。

(2)特点

①机械动作的节拍决定工人的工作速度。

②工作的简单重复性。

③对每个工人所要求掌握的技术比较低。

④每个工人只完成每件工作任务中很小的工序。

⑤工人被固定在流水线上的单一岗位,限制工人之间的社会交往。

⑥工人采用什么设备和工作方法,均由管理职能部门做出规定,工人只能服从。

(3)优缺点

此种专业化职务设计的优缺点如下。

专业化职务设计的优点:

①把专业化和单一化最紧密地结合在一起,从而可以最大限度地提高工人的操作效率。

②由于把工作分解为很多简单的高度专业化的操作单元,因此对工人的技术要求低,可以节省大量的培训费用,并且有利于劳动力在不同岗位之间的轮换,而不致影响生产的正常进行。

③专业化对工人技术要求低可大大降低生产成本,因为只需廉价的劳动力来完成职务设计所规定的岗位要求。

④由于机械化程度高,有标准化的工序和操作方法,加强了管理者对工人生产的产品数量和质量的控制,以保证生产的均衡。

专业化职务设计的不足:它只强调工作任务的完成,而不考虑工人对这种方法的反应,因而专业化所带来的高效率往往会因工人对重复单一的工作不满与厌恶所造成的缺勤、离职而抵消。

2. 工作轮换与扩大化

(1)工作轮换

定期地将工人从一种工作岗位换到另一种工作岗位,但必须保证工作流程不受损失,这种方法并不改变职务设计本身,而是使员工定期地进行工作轮换,这样,会使员工具有更强的适应能力,对工作的挑战性以及在一个新职务上产生的新鲜感,能够激励员工做出更大的努力。在日本企业，工作轮换常被广泛地应用，对于提高工作绩效是有很大的影响。

这种职务设计的方法主要不足在于：员工实际从事的工作没有真正得到重大改变，只是一种为了解决员工对这份专业化的单一重复性工作所产生的厌烦感并且能在一定范围内作适当的缓冲，轮换后的员工长期在几种常规的简单的工作之间重复交替工作，最终还是感到单调与厌烦，但不容忽视的是此种职务设计方法给员工提供了发展技术和一个较全面地观察以及了解整个生产过程的机会。

（2）工作扩大化

这是通过增加职务的工作内容，使员工的工作变化增加，要求更多的知识和技能，从而提高员工的工作兴趣。通过职务扩大化可提高产品质量，降低劳务成本，提高工人满意程度，改善整个工作效率，生产管理也变得更加灵活。美国的诸多有名的公司都普遍用此种职务设计方法来提高工效，减少生产费用。工作扩大化的实质内容是增加每个员工应掌握的技术种类和扩大操作工作的数目，目的在于降低对原有工作的单调感和厌烦情绪，从而提高员工对工作的满意程度，发挥内在热情，但此方法没有从根本上真正解决工人不满的缘由，所以要真正通过职务设计解决员工的不满与厌烦，还必须应用现代的职务设计方法。

3. 现代的职务设计方法

（1）工作丰富化

工作丰富化是一种纵向的扩大工作范围，即向工作深度进军的职务设计方法，与向工作的横向扩展的工作扩大化的职务设计方法相比较，此种职务设计方法的扩充范围更为广泛，主要是由于此种方法可以集中改造工作本身的内容，使工作内容更加丰富化，从而使职务设计本身更富有弹性。工作丰富化主要通过增加职务责任、工作自主权以及自我控制，满足员工的心理的多层次需要，从而达到激励的目的。实现工作丰富化需要一定的条件，主要在以下六个方面要有所变革，才能实现工作丰富化。

①责任。不仅要增加操作者生产的责任。而且还要使他们有责任控制产品质量，并保持生产的计划性、连续性和节奏性，使每一个工人都感到自己有责任完成一件完整的工作。

②决策。给工作者更多的工作自主权，以提高他们自己在工作中的权威性和自主性。

③反馈。把工作者所做的工作成绩和效果数据及时直接地反馈给本人。

④考核。根据工作者达到工作目标的程度，给操作者以奖励和报酬。

⑤培训。为使员工更好地发挥潜力，就应通过培训、学习等方式使员工掌握更多的生产技能。

⑥成就。通过提高工作者的责任心和决策的自主权，培养员工对所承担工作的成

就感。

(2) 优缺点

工作丰富化的优点是明显的，它与常规性单一性的其他职务设计方法相比，能够提供更大的激励和更多的满意机会，从而提高工作者的生产效率和产品质量。美国许多公司常采用工作丰富化及其他改革来减少离职率和缺勤率。此种职务设计方法的不足之处在于，要使工作丰富化得以实现，就必须使员工掌握更多的技术，企业因而会增加培训费，增加整修和扩充工作设备费，以及付给员工更高的劳动报酬。

(3) 工作特征的再设计

这种职务设计方法主要表现为充分考虑个人存在的差异性。区别地对待各类人，以不同的要求把员工安排在适合于他们独特需求、技术、能力的环境中去。因为不同的工作者对同一种工作会有根本不同的反应，个人工作成效及其从工作中获得满足，取决于职务设计的方式和对个人有重要影响需求的满足程度。

(4) 条件

工作特征的再设计的基本条件是：①组织能够使员工获得高层次需求满足的条件和心理状态。②职务设计的范围直接影响工作者需求的满足程度和工作成果。③成长需求的存在以及在工作范围、工作成绩上起到重要的调节作用。

(5) 职位轮换

职位轮换是按照事先安排好的日期，在几个不同的职位上交换员工的职位设计方法。在职位轮换中，员工轮流在几种被简化的职位上进行工作。职位轮换使工作安排更加灵活，使脏、苦、累、险的工作更容易分配，同时，也降低了工作的单调枯燥。不过，在实践中，如果是从本来就枯燥的职位上轮换到同样枯燥的职位，就不能达到职位轮换的预期目的。

(6) 职位扩充

职位扩充是增加或扩展工作的任务，直到一个职位变成一个完整的、有意义的操作过程。职位扩充与工作简化是正好相反的人力资源管理活动。如果一个工作被简化了的职位只包括三种操作动作，工作扩充就会扩大操作的动作，直到这些操作动作对一个人来说，不再那么枯燥和单调。其理论基础是，工作被过分简化会使工作变得乏味，使工作的意义下降。职位扩充使员工不再仅仅完成一个职位工作的一部分，而是完成完整的整个职位的工作。赞成这一职位设计方法的人认为，职位扩充可以降低工作的乏味程度、扩展工作的责任和意义感并且增加工作的满足感。而反对这一职位设计方法的人认为，并没有太多证据显示工作的动机被提高了。相反，由于增加了附加的工作任务，但没有增加报酬，不仅没有提高干劲，反而降低了总体的工作动机，最后降低了生产率。

4. 职位设计的理论

（1）科学管理

1911年，弗里德里克·泰勒所概括的科学管理理论强调工作是生产过程。他的研究从此之后成了现代科学管理的基础，也成了人力资源管理的基础。泰勒最早在宾夕法尼亚的一家钢铁公司的经历，对他形成自己关于工作过程和职位设计的思想有很大的影响。他在很年轻时就已经被升为该公司的总工程师。他研究了生产过程的技术方面、个人以及雇员所组成的群体。他研究的目的是要得出管理和控制工作的普遍适宜的原则。泰勒设计职位的方法强调的是以下的内容：①使组成职位的任务更加简单；②非常专门的职位描述；③系统的工作程序和计划；④严密的监控。

科学管理进行职位设计的方法的核心，是把每一个职位的操作都简化为基本的动作，并在严密的监督下完成操作，这实际上是一种工作简化。泰勒的科学管理是人类比较早对职位设计进行系统研究的努力。但泰勒对工作简化的追求走向了极端，对于许多工人来说，过分简单化的工作致使他们感到异化、不满和挫折。人际关系运动发现了这些问题，并且寻找到了职位丰富化这一出路。

（2）社会技术系统方法

社会技术系统方法关注的是提高职位设计使工作的社会和技术方面紧密配合。为了达到这一目的，重要的是研究工作小组或团队，而不是单独的职位。在这种方法中，传统的职位已经不复存在，取而代之的是小组或团队的任务。现在每个人为了完成团队的任务而被指派了一项工作，每个人的工作都是围绕完成团队的任务而设计的。通过社会技术系统方法来重新设计工作，必须要有雇主、雇员、管理者、工会组织的通力合作。在这里，工作被按照最容易完成的方式被设计。这时，管理者关心的是企业的任务能否完成，这似乎又回到了科学管理的原则上，但这里，重要的是组成工作团队的成员必须具备完成工作任务的资格，而且必须赋予工作团队以管理工作过程的自主权力。

（3）人际关系

当科学管理在实践中被运用到极端之后，人际关系运动在很大程度上是作为对这一运动的反应而出现的。人际关系运动强调的不是组织的生产需要，而是从雇员个人的视角来看待职位。这一运动最早是由梅奥进行的霍桑实验而引发的。科学管理过分强调职位设计的技术方面，1933年的霍桑实验是一个转折点，它使工人的社会需要得到了承认，而且看到了这种社会需要对工作业绩可能产生的巨大影响。霍桑实验最早的目的是要解释工作环境的变化是影响生产率的。但研究的结果与当初的设计是不同的。研究发现，工作环境的变化对生产率的影响并不如一起工作的工人之间的社会互动重要。

在人际关系运动倡导下，人力资源管理中的职位设计活动开始将社会需要作为动力进行管理。职位轮换、职位扩充和职位丰富化等职位设计活动都是在人际关系的影响下出现的。在这之后人们对工作的技术方面的重视下降，而对工作中劳动者的社会和感情需要更加重视。在当代出现的质量圈等一系列的工人参与管理活动，都是人际关系思想在实践中的发展。

（4）职位特征模型

本模型是职位设计在20世纪70年代末期的新发展。这一模型详细讨论了能够对工人产生激励作用的职位特征。这些特征是：

①技能状态。即完成一项职位的工作时个人所使用的一系列技能和禀赋的程度。

②任务的同一性。即从事一项职位的工作时，从头到尾地完成任务并能够看到显著的成果的程度。

③任务的重要性。即一项职位对其他人的生活或工作的实质性影响程度，这种影响可以是内部的，也可以是外部的。它影响个人对工作的重要性的感觉。

④自主。即一个职位所能够提供给员工的，在确定工作程序和计划方面实际的自由、独立和任意程度。个人对于完成任务的好坏是否感觉有责任，在很大程度上是由自主程度决定的。

⑤反馈。即完成工作任务的人获得他或她的工作成绩的直接和清楚信息的程度。这对于雇员获得关于其工作结果的信息有很大影响。

在职位特征模型的底部出现的"调节器"，显示雇员个人对职位的反应的差异。这一模型的侧重点在个人与职位之间的互动上面。

所有的职位特征对雇员都有心理的影响。前面三种特征影响雇员对工作的意义的看法。自主决定雇员感觉到的责任的程度。反馈决定雇员对职位的满足程度。具有讽刺意味的是，在实践中，运用这一职位设计方法的人可能发现，有一些雇员认为这些心理状态没有什么意义。研究发现，根据这些心理因素重新设计的职位对一些人是有作用的，而对一些人却没有什么作用。

五、职位分类

（一）职位

所谓职位，是指一定的人员所经常担任的工作职务及责任。

1. 职位具有三个要素

（1）职务。指规定担任的工作或为实现某一目的而从事的明确的工作行为。

（2）职权。依法赋予职位的某种权利，以保证履行职责，完成工作任务。

（3）责任。指担任一定职务的人对某一工作的同意或承诺。

2. 职位的特点

（1）职位是任务与责任的集合，是人与事有机结合的基本单元。

（2）职位的数量是有限的，职位数量又被称作编制。

（3）职务不是终身的，可以是专任，也可以是兼任，可以是常设，也可以是临时的。

（4）职位一般不随人走。

（5）职位可以按不同标准加以分类。

（二）职位分类

1. 含义

职位分类，系将一机关内各工作人员所担任的工作，根据其任务、责任与所需资格，归纳为类。分类的主题是所执行的或需执行的工作，程序是经由分析与评价，其成果是将各种工作归纳为类。

在第一次世界大战期间，同工同酬的观念极为浓厚。各大企业均透过工作分析来激励工作热忱；工作评价逐渐为大众所接受，并认为是决定薪资及工作与工作比较时最坚实的基础，因为职位分类不仅为合理薪酬奠定基础，对其他各种人事管理工作，亦提供了很大的帮助。

2. 作用

（1）有助于其他人事目标的达成：如将同等职责程度的各类列为同一薪酬水准，对薪酬可作合理的管制；将各种不同的职业与职位，归纳为数甚少的类，凡属同一类的各职位人员的招聘、资格要求、考试及遴选等，可用同一标准处理；明定职位的，以便与现职人员所执行的工作相比较；举办新进人员引导及其他在职训练时，可提供可靠的职位内容资料；表明各职位间的上下关系，以利任用及晋升制度的建立；使主管与职员对工作与待遇有共同的了解，以增进职员与管理当局间的关系，有助于对工作的激励。

（2）对机关的帮助：如运用标准的类的称谓，可建立统一的工作术语；根据任务的叙述，可澄清每个职位的责任；将统一的分类名词应用至财务行政，使编列预算更为顺利；根据职位内容资料，有利于组织问题的分析。

（3）对政府的特有价值：如国民及纳税者了解政府薪酬经费支出与公务员所提供服务间的关系；对决定公务员薪酬时，可保障免受政治及私心等影响。

3. 意义

（1）职位分类是人事管理法制化的基本前提，是制定人事法规的基本依据之一。通过职位分类，制定"职位说明书"，使工资管理、考试录用、人员考核、人员升降、人员调动、人员培训、人事预算等工作有可能纳入法制化轨道，并成为制定人事法规的基本依据之一。

（2）职位分类是人力资源管理科学化的重要基础（一项基础性工作）。工作分析和职位分类是科学管理在人事工作上的应用。

（3）职位分类是制订就业和招生计划的重要依据。有利于国家、地方和企业、学校进行人才需求预测，有计划地安排招生、招工。

（4）职位分类是各级组织科学化、系统化的主要手段。通过职位分类，便于发现组织中存在的各种问题（机构重叠、层次过多、职能交叉、授权不当、人浮于事、责任不清等等）并明确了改进方向。

（5）职位分类是我国劳动人事制度改革的重要途径。创造条件，逐步开展和完善职位分类，才能加强人力资源开发与管理的基础工作，有效地推动其科学化、现代化。1983年，有人提出职位分类是我国人事制度改革的突破口，但由于条件不具备，至今未形成国家立法。

4.原则

（1）系统原则

职位设置和划分，不能孤立地、局部地去看，而应该从各职位的相互联系上，从总体上去把握。一般而言，任何系统都具有5个特征：

①集合性。由两个或两个以上相互区别的要素组成。

②相关性。各要素间相互联系，相互作用。

③目的性。任何系统都为一定的目的而存在。

④整体性。一个系统是由两个或两个以上要素构成的有机整体。尽管每个要素都可以独立成为一个子要素，但是各个子要素间又是紧密联系不可分割的统一体。

⑤环境适应性。任何系统都必须适应外部环境条件及其变化，和其他有关的系统相互联系，构成一个更大的系统。

任何一个完善的组织机构都是相对独立的系统。因此，在考虑该组织机构的职位设置时，应从系统论出发，把每一个职位放在该组织系统中，从总体上和相互联系上分析其独立存在的必要。凡是促进组织具备系统五个特征的职位就该设立，反之就不该设立。

（2）整分合原则

整分合原则是指一个组织必须在整体规划下明确分工，在分工的基础上进行有效的合作，以增强整个组织的效应。在进行职位分类时，应以组织的总目标和总任务为核心，从上至下层层分解，分解为一个个具体的分目标、分任务和子目标、子任务，直至分解落实到每一个职位上；然后再对这些职位从下至上进行综合，层层保证，确定各职位上下间的隶属关系和左右间的协调合作关系，以确保组织系统的整体功能。

（3）最低职位数量原则

最低职位数是指一个组织机构为了实现其独立承担的任务而必须设置的职位数。职位设置超过了这个数量就会造成职位虚设，机构膨胀，人浮于事；职位设置低于这个数量，则造成职位短缺，人手不足，影响组织目标的实现。

最低职位数量原则确保组织机构的高效率和高效益。

（4）能级原则

"能级"是借用原子物理中的概念，指原子中的电子处在各个定态时的能量等级。在职位分类中的"能级"概念，是指一个组织系统中各个职位的功能等级。功能大的职位，在组织中所处等级就高，其能级就高；反之，功能小的职位，在组织中的级别就低，其能级亦低。职位分类时，应依据能级原则来分析评估不同职位的各自能级，使其各就其位，各得其所。

5. 职位分类的程序

办理职位分类的程序，大致有下列四个，前三个为计划，后一个为实施。

（1）分析及记录职位的任务与有别于其他职位的特征：欲了解职位的内容，不能只凭个别职位，需同时了解职位所在单位的权责系统及各职位间的关系；而搜集各职位职责内容的方法，通常为先用书面调查方式，如遇有职位的职责内容不够时，则以实地调查方式补充之。

（2）将性质及职责程度相似的职位归纳为类（职级）：作归纳时需先做职位的分析与评价。大致而言，同性质的职位，其职责程度是否相当，在政府机关多用判断，在工厂则多用评分，凡分类幅度相近者则归纳为一类；评分方法看似甚为科学，但事实上仍非科学、借重于判断之处仍多；故评价并非精确的科学，只是将混乱的职责情形做有系统的与逻辑的安排而已。

（3）制定类说明书（职级规范）：在进行分类前，均应制定类说明书，或称分类标准。类说明书内容，通常区分类的称谓、类的特征、职位工作举例、所需资格及专门技能等项；当类说明书制定后，即可作为其他职位办理归类的根据。

（4）实施职位分类：在此程序中最重要的工作，即为办理职位归类（归级），

亦即将一个机关内的各职位，根据其职责内容，分别归入适当的类。若此各职位人员的人事管理基础即已建立，如对职位人员的遴选，依该职位所属类别的所需资格及专门技能为准；职位人员的薪酬，依该职位所属类别所列的职位为准；职位人员的考绩训练等，亦可依该职位所属类别的职责内容制定工作标准及训练课程，以为办理考绩及训练的依据。

当职位的归级决定后，如遇及职位职责内容有变动时，自需再调整归级，以保持职位职责内容与所归类别相一致。

6. 职位分类的方法

（1）职位调查的方法

①访问法。指工作人员对有关人员进行访谈，了解职位分类所需材料。访谈前应做好充分准备——确定访谈主题，了解背景材料。在访谈过程中应讲究方式方法，用

做等、亲切轻松的态度，不致使对方感到拘谨和造成心理压力，交谈时应语言清晰，做好记录。

②观察法。指工作人员到工作地点观察实际情况，将标准时间内分类职位上发生的所有事情如实记录下来。标准时间指的是一个职位的职务完成一个流程所需要的时间。观察法需要较多的调查人员和较充裕的时间。时间过短，则观察易失真，甚至得出相反的结论。

③填表法。应用最广泛，从理论上讲，此法省事、省人、省钱、省时间。但要求调查人员具备社会学知识，熟悉有关机构运转的情况，即要求调查表设计质量较高。

调查表应包括职位名称、职员姓名、单位名称、所在地、主管姓名、职务内容、责任等。此法缺点是不易填写详细、准确，同一职位的不同人员往往填写内容不一样。

④会议法。实际上是扩大的访谈，同时与多人座谈。

⑤综合法。将上述方法结合起来使用称为综合法。一般是先填表，根据分析结果再派人访问或观察，效果较好。

（2）职位品评方法

①积点评分法。先确定基本分类因素及其各个水平，对每个因素的各个水平进行评分；再看某个职位所包含的因素及其所处水平，折合多少分；然后将该职位总分与既定的等级分类表进行比较，确定其职位等级。

FES 基本标准共包括 9 个评价因素：知识范围、监控程度、指导程度、复杂性、工作范围和影响、人际交往、人际交往的目的、身体素质和工作环境。各职系分类标准由于工作性质的特点不同，其因素和水平的数目可与基本标准不完全相同。具体职位的归级工作是参照各职系的分类标准进行的。确定职等则是根据统一规定的 FES 评分与 GS 等级换算表。

②因素比较法。先选择一些有代表性的"标准职位"，并给打分定级（一般标准职位选 15~25 个）；再确定每个基本分类因素包括的基本水平，将标准职位的分数分配给这些因素水平，求得每个水平的分数；然后考察其他职位，根据每个职位所包含的因素及其水平，确定该职位的总分；最后将每个职位的总分与标准职位进行比较，确定出各职位的等级。

③定等法。这是最简单易行的方法。这种方法是将职位品评工作交给部门主管去办理，由他根据本部门各个职位的难易程度、责任大小、职务内容、资格高低等对其分析定等，从最低排列到最高，然后实行职位归级。这种办法的缺点是受部门主管个人素质影响较大。

第三节 人力资源规划

一、人力资源规划的程序模式

人力资源规划的程序可分为六个步骤：首先要提供基本的人力资源信息，这一过程是后边各阶段的基础，因此十分关键。其次是进行人力资源的全部需要的预测，即利用合适的技术和信息估计在某一目标时间内企业或组织所需要人员的数量。第三步是要在全体员工和管理者的密切配合下，清查企业或组织内部现有的人力资源情况。第四步是确定需要招聘的人员数，即把全部需要的人员数减去内部可提供的人员数，其差就是需要向社会进行招聘的人数。然后企业或组织通过人才市场（随着市场经济的发展，人才市场会逐渐建立，发育并完善的）招聘、训练、开发以及岗位培训等过程得到所需要的人才。第五步是要把人力资源规划和企业的其他规划相协调。最后是对人力资源规划的实施结果进行评估，用评估的结果，去指导下一次的人力资源规划。人力资源规划的每一个步骤都依赖于第一步骤：即职工信息系统和职工基本记录提供的数据。因此，第一步骤的重要性就体现于此。下边将对六个步骤加以详细讨论。

（一）提供人力资源信息

提供人力资源信息是人力资源规划的第一过程，它的质量如何对整个工作影响甚大，必须加以高度重视。人力资源信息包括的内容十分广泛，主要有：人员调整情况；人员的经验、能力、知识、技能的要求；工资名单上的人员情况；员工的培训、教育等情况。这些信息和情况一般可从员工的有关记录中查出，特别是利用计算机进行管理的企业或组织可以十分方便地存储和利用这些信息。

在这一部分有一项重要的工作就是进行职务分析，并提供这方面的有关信息情况，作为下一步工作的基础。

（二）预测人员需要

在预测过程中，选择做预测的人是十分关键的，因为预测的准确与否和预测者及其管理判断力关系重大。一般来说，商业因素是影响员工需要类型、数量的重要变量，预测者要会分离这些因素，并且要会收集历史资料去做预测的基础。例如，一个企业的产量和需要的员工数目之间常存在着直接的关系，产量增加时，一般劳动力则成比例地增长。如果实际情况都像这个例子一样，只有产量等少数几个有限的商业因素影响人力需要的话，那么进行人力资源需要的预测是很简单的事情。可实际情况却往往不是如此，员工人数的增加并不单纯是由产量增加而引起的，改善技术，改进工作方法，改进管理等非商业因素都将增加效率，这时产量和劳力之间的关系已经发生了变化。对此，预测者必须有清醒的认识。

从逻辑上讲，人力资源的需要明显的是产量、销售量、税收等的函数，但对不同的企业或组织，每一因素的影响并不相同。预测者在选择影响因素上预测计算上都要小心谨慎才是。

（三）清查和记录内部人力资源情况

搞清楚企业或组织内部现有的人力资源情况当然是十分重要的。对现有人员一定要尽量去做到人尽其才、才尽其用，因此管理者在管理工作中经常清查一下内部人员情况，对此做到心中有数是必要的。并对不合适的人员要加以调整。在这一阶段格外注意的是：对内部人员有用性的了解，对可提升的人员的鉴别以及做出个人的发展培养计划。

在清查记录企业或组织内部人员时，首先应该确认全体人员的合格性，对不合格的要进行培训，大材小用和小材大用的都要进行调整。对人员空缺的职位，我们清查了内部人员后，就可以明了哪些可从组织内部填充，哪些需要从外部招聘。国外在对人员进行评估时，已经开发出许多较客观的技术，很多公司都采用了评价中心方法。

（四）确定招聘需要

预测得出的全部人力资源要减去企业或组织内部可提供的人力资源，就等于需要向外部求助的招聘需要。

在招聘过程中，一定要注意劳动力市场的信息，要统计劳动力的职业、年龄、受教育水平、种族、性别等数据。当比较了企业或组织的劳动力需要和劳动力市场的供给量以后，如果表明可供人力资源短缺时，企业和组织就必须加强人力资源的招聘。

在招聘中，眼光不仅要盯住外部的劳动力市场，同时也应该建立并注意企业或组织的内部劳动力市场。因为内部的劳动力市场对人力资源规划的影响更直接，许多公司都优先考虑先为自己的雇员提供提升、工作调动和其职业改善的机会。公司应该在组织内部实行公开招聘，任何人均可应聘。在内部登广告数日后，再对外进行广告宣传。用这种方式给内部申请者以优惠，使员工增强对企业的认同感并提高他们的积极性。

（五）与其他规划协调

人力资源规划如果不同组织或企业中的其他规划协调，则规划必定失败。因为其他规划往往制约着人力资源规划。例如，其他部门的活动直接承担着人员需要的种类、数目、技能及工资水平等。人力资源规划的目的往往也是为其他规划服务的，只有和其他规划相协调一致才会取得好的成效。所以说，人力资源规划要受其他规划制约，为其他规划服务，不协调绝对不行。如员工的工资往往取决于财务部门的预算；销售决定生产，生产决定员工的数目、种类和技能等等。

（六）评估人力资源规划

1. 人力资源规划评估应考虑的问题

对人力资源规划实施后的评估，是人力资源规划过程的最后一步，做好评估可以给下次人力资源规划提供参考。下边这些具体问题是规划者在评估时应该考虑到的：

（1）人力资源规划者熟悉人事问题的程度以及对他们的重视程度。

（2）他们与提供数据和使用人力资源规划的人事、财务部门及各业务部门经理之间的工作关系如何。

（3）有关各部门之间信息交流的难易程度（如人力资源规划者去各部门经理处询问情况是否方便）。

（4）决策者对人力资源规划中提出的预测结果、行动方案和建议的利用程度。

（5）人力资源规划在决策者心目中的价值如何。

2. 评价时应比较的因素

除了这些因素可以对一项人力资源规划评价时提供重要参考外，在评价时还要对如下几个因素进行比较：

（1）实际招聘人数与预测的人员需求量的比较。

（2）劳动生产率的实际水平与预测水平的比较。

（3）实际的与预测的人员流动率的比较。

（4）实际执行的行动方案与规划的行动方案的比较。

（5）实施行动方案的成本与预算额的比较。

（6）劳动力和行动方案的成本与预算额的比较。

（7）行动方案的收益与成本的比较。

在对人力资源规划进行评估时，一定要客观、公正和准确；同时要进行成本－效益分析以及审核规划的有效性，因为一项人力资源规划往往要花费大量资金，特别是在应用计算机时更是如此，经济上没有效益的规划是失败的；最后要注意的是在评估时一定要征求部门经理和基层领导人的意见，因为他们是规划的直接受益者，只有多数人赞同的规划才是好规划。

二、人力资源规划的运行机制

有了人力资源规划方案后，进入运用和实施阶段，这就要求对人力资源规划在实施过程中进行有效控制，其中主要包括：建立完善的人力资源信息系统、人力资源供应控制、降低人力资源成本等。

（一）人力资源信息系统

人力资源信息系统是组织进行有关人和人的工作方面的信息收集、保存、分析和报告的过程。"系统"特指为实现特定目标而将各种分散活动组合成合理的、有意义的整体的过程。

信息系统可以是人工的，也可以是计算机化的。小型组织（少于250人）中使用人工的档案管理和索引卡片系统比较有效。而在大型组织中，人力资源信息的计算机存取则是必需的。管理者在决策时需要准确、及时和相关的信息资料，如果信息不完整、不准确、不考虑需要哪种信息，那么使用计算机也是徒劳的。

建立人力资源信息系统必须具体地考虑四个方面：

首先是对系统要进行规划。这其中包括使全体人员充分理解人力资源信息系统的概念；考虑人事资料设计和处理的方案；做好系统发展的时间进度安排；建立起各种责任制和规章制度；等等。

其次是系统的设计与发展。其中包括：分析现有记录、报告和表格，以确定对人力资源信息系统中数据的要求；确定最终的数据库内容和编码结构；说明用于产生和更新数据的文件保存和计算过程；规定人事报告的要求和格式；决定人力资源信息系统技术档案的结构、形式和内容；确定员工工资福利表的格式及内容等要求；确定工资和其他系统与人力资源信息系统的接口要求。

再次是系统的实施。其中包括：考察目前及以后系统的使用环境以找出潜在问题；检查计算机硬件结构、所用语言和影响系统设计的软件约束条件；确定输入和输出条件要求、运行次数和处理量；提供有关实际处理量、对操作过程的要求、使用者的教育情况及所需设施的资料；设计数据输入文件、事务处理程序和对人力资源信息系统的输入控制。

最后是系统的评价。这包括：估计改进人事管理的成本；确定关键管理部门人员对信息资料有何特殊要求；确定人们对补充特殊信息的要求；对与人力资源信息系统有关的组织问题提出建议；提出保证机密资料安全的建议。

人力资源信息系统的用途之一是为人和资源规划建立人事档案。人事档案既可以用来估计目前劳动力的知识、技术、能力、经验和职业抱负，又可用来对未来的人力资源需要进行预测。这两种信息必须互相补充，否则对人力资源规划是无用的。例如：如果不以组织内现有人员状况为基础做出的预测，显然对组织是无用的。并且我们也只有对未来人员的数量、技术及经验等有所了解，方能制定行动规划去解决预计的问题。

人力资源信息系统的用途之二是通过人事档案对一些概念加以说明。如晋升人选的确定、对特殊项目的工作分配、工作调动、培训；肯定性行动规划和报告、工资奖励计划、职业生涯计划和组织结构分析。这些工作的完成都必须依靠人力资源信息系统。

人力资源信息系统的用途之三是可以为领导者决策提供各种报告。如用于日常管理的工作性报告：包括岗位空缺情况、新职工招聘情况、辞职情况、退休情况、提升情况和工资情况等。还可以向政府机构和一些指定单位提供规定性的报告和用于组织内部研究的分析性报告,以表明劳动力在各个部门或各管理层次上的性别、种族和年龄分布,按消费水平划分的雇员福利情况,也可表明录用新职工的测验分数与工作绩效考核分数之间统计关系的有效性研究,等等。总之,人力资源信息系统,是人力资源管理中的一项基础性工作,它可为决策者提供许多必不可少的决策信息,使管理和决策更加科学化和更符合实际。

(二)人力资源供应控制

预测人力资源供应所面对的因素很多,如技术改进,消费模式及消费者行为、喜好、态度改变,本地及国际市场的变化,经济环境及社会结构的转变,政府法规政策的修订等。当企业预测了未来的人力需要后,下一步就是分析人力供应问题。人力资源的供应来源主要是外部的劳动力市场和企业内部现有劳动力。

1. 企业外部人力资源供应源

外部劳动力的供给是受整个社会经济及人口结构因素影响的,政府的教育政策和劳动、人事政策也有一定的影响力。按理说,统计局应该提供社会整体就业情况、整体劳动、人事政策及增加劳动力的数量及素质等情况,随改革开放的不断深入,这些数据会逐步丰富。要分析整体劳动力供应数量是否足够,先要考虑人口结构、年龄分布、性别、教育水平、就业情况及各行业的独特性等等。

2. 企业内部人力资源供应源

企业内部人力资源供给主要是分析在职员工的年龄分布、离职及退休人数。从人员减少和流动性的情况分析,来探讨人力供给的情况。此外,企业内部的人力的移动。例如提升、转职等,现有人力资源是否已充分运用,亦是值得研究的。

分析内部劳动力供给时首先从现有职工着手,一般劳动力供给除了受社会劳动力市场供需情况的影响,还需考虑其他企业的竞争。为了避免人力流失或损耗,管理人员必须对造成职工损耗的因素加以分析。导致职工损耗的因素可分为职工受到企业外部的吸引力所引起的"拉力"和企业内部所引起的"推力"。"拉力"包括可望转到其他企业、以求较高收入和较好的发展机会,以及职工心理问题;再如职工已届退休年龄、已婚妇女怀孕或因结婚而不外出工作等,都可导致劳动力损耗。"推力"包括企业欠缺周详的人力资源规划,造成人力政策不稳,裁减职工等;职工自身的问题,如某些青年职工对工作认识不够深入,或不能适应新的工作环境,加上年轻、未婚、没家庭负担等,使他们常喜欢转换工作;工作压力大造成的,如由于人手不足,因此造成现职职工压力更大,迫使他们辞职;人际关系的冲突也容易造成职工的不满流失;工作性质的改变,或工作标准的改变,也可使某些职工失去兴趣或无法适应而辞职。

3. 人力损耗的处理

对人力损耗的问题，管理者可以利用库存、管理人员替置表及个人技能库存等鉴定企业内现有人力资源。这些分析有助于利用内部人力资源来满足企业需要。一般来说，企业内部调配供应所需人力比从外部获得人力的成本低，而且从内部提升还可增加职工的士气及积极性。

企业能否有效地留住现有人才，可以利用人力损耗曲线研究其原因。一般人力损耗的模式是用一曲线表示任职时间长短与离职的关系。在最初一段时间内，人力损耗会比较多，随时间的消逝，损耗的人数会急剧增加，主要是由于职工未能适应新的工作环境、企业的政策、工作要求及人际关系等，故离职率较高，甚至达到一个高峰。但过一段时间，离职率开始递减。

在进行分析时，常用的人力损耗指标有以下几种：

（1）人力损耗指数

这表明员工离职率越大，则企业保留人力的能力越低。在估计未来人力供应时，必须考虑离职率的数字。一般说，当经济繁荣，劳动力短缺，失业率低，工作机会增加时，离职率亦相应增加。

（2）人力稳定指数

这个指数没有考虑人力的流动，只计算了能任职一段时间的人数比例。

（3）服务期间分析

这个方法用于分析职工职位、服务期间与离职情况等项目的相互关系，以作为预测离职的参考。分析方法主要是观察并详细记录职工的离任情况，搜集有关资料作横断面或纵向的分析。

（4）留任率

这项指标可用来估计未来企业内部人力供给的参考，如以横轴表示时间（或服务期间），纵轴表示留任率，则可得留任曲线。

可显示过去一段时间内，人力留任的趋势，若企业员工流动大，即表示企业人事不安，凝聚力低，管理层与工作层关系差，并导致产量降低，增加招聘、甄选及训练的费用。若流动率过少，则不足以产生新陈代谢的作用，于企业的发展也不利。

4. 人力资源的合理利用

除了分析企业内部人力供给的情况，还需要就现有人力资源能否充分利用加以分析。主要是年龄、缺勤、职业发展和裁员等四项内容：

（1）职工年龄分布。企业内员工的年龄分布情况对于职工的工资、升迁、士气及退休福利等的影响极大。举例来说，一个已踏入成熟或持续收缩的企业，职工的年龄分布偏高，老年职工占较大比例，由于工资与年资有关，所以年资越长，工资越高，此外对于退休福利与接班人的需求问题也较严重，此外还会影响到其他职工的升迁机会、进取态度及工作士气。

（2）缺勤分析。缺勤通常包括假期、病假、事假、怠工、迟到、早退、工作意外、离职等。此外士气低落、生产率低、工作表现差、服务水准差等都可以反映缺勤的情况。若管理者能留意这些缺勤指标及其他有关数据。可以估计未来的缺勤程度，就会对未来的人力供给估计有较切合实际的分析结果。假如缺勤情况严重。就应对缺勤因素加以分析并改善，使现有人力资源得以充分发挥作用，不致浪费。

（3）职工的职业发展。指导职工规划好他们个人的前程，提供他们充分发挥其潜能的机会，是挽留人才的有效方法之一，也是人力资源规划中重要的一环。帮助职工了解到他们可以获得某些职位或晋升的机会，会使他们对前途充满合理的期望。

（4）裁员。当企业内部需求减少或供过于求时，便出现人力过剩，则裁员是无法避免的措施。这是国际上通行的做法，裁员对企业是一种浪费，因为损耗已培养过的人才，无论对企业现有职工还是对已解雇的员工都是很大的打击，一项好人力资源规划必然没有职工过剩的现象出现，即使需要裁员也可以通过其他方法如退休、辞职等来平稳人力供求。还有其他方法如给予补偿金、鼓励年老职工提前退休、提供青年职工接受训练的机会以转迁到其他工作单位等也可以采用。

三、人力资源配备

人力资源的配备包括人力资源的选聘、使用、培训和考核等方面的内容，即根据组织结构中所规定的职务的数量和要求，对所需人员进行恰当而有效的选择、使用、培训和考核，其目的是为了配备合适的人员去充实组织中的各项职务，以保证组织活动的正常进行，进而实现组织的既定目标。

（一）人力资源配备的意义

人是组织中最重要的资源，是构成组织各种要素中最重要的要素，组织活动的进行，组织目标的实现，无一不是由人所决定的。因此，人力资源配备作为一项管理职能，主要涉及的是对人的管理，其重要性是显而易见的。

1. 人力资源配备是组织有效活动的保证

对于一个组织来说，组织目标的确定为组织活动明确了方向，组织结构的建立，又为组织活动提供了实现目标的条件。但是，再好的组织结构，如果人员的安排不合理，那么这个组织结构也是不能发挥正常功能的。人力资源配备不适当，不仅不能成为实现组织目标的保证，而且还会干扰组织的有效活动，阻碍和破坏目标的实现。因此，人力资源配备工作的好坏，直接影响到组织活动的成效。

在人力资源配备中，主管人员的配备无疑具有更大的重要性。主管人员是组织中对他人及其工作负责的管理人员，他们的基本任务是设计和维持一种环境，使身处其间的其他成员能在组织内一起工作,以完成预期的任务和目标。由此可见,主管人员在组织活动中居于主导地位,是实现组织目标的关键人物。因而组织的有效活动往往在很大程度上取决于主管人员的配备情况和主管人员的质量如何。组织中主管人员配备得如何,与组织能否进行有效的活动,能否最终实现目标关系极为密切,人员配备是一项涉及组织活动成功与否的极为重要的管理职能。

2. 人力资源配备是做好领导与控制工作的关键

从管理系统论来看,人力资源配备以计划和组织工作为前提,是计划工作和组织工作的人员落实,又为领导和控制工作奠定基础。一个组织中,如果人力资源配备不当或不完善,如主管人员的德才与职务要求不相符,其主管人员无法发挥出色的才能,就不可能创造出良好的环境,使其全体成员的积极性、主动性和创造性得到发挥。同样,下属工作人员配备不合理,势必给控制工作带来更大困难,使控制范围扩大,难度加深,从而加重上层主管的监督和纠偏工作。因此,就管理系统而言,人力资源配备是其他管理职能能否顺利实现的关键。

3. 人力资源配备是组织发展的准备

组织发展的能动因素是人,其中主管人员又起决定作用。因此,人力资源配备专门从事组织结构中各种职位的充实工作,同组织的发展息息相关。它是一项动态的职能,不仅配备目前所需的各种人员,而且为配备将来在复杂多变的环境中从事组织活动所需的各类人员做好准备。所以说,人力资源配备是组织发展的准备。

国外许多学者认为,20世纪是经济学人才的盛世,21世纪是管理人才的天下。这种看法不是没有道理。当今社会的科学技术飞速发展,组织之间的竞争实质是人才的竞争,而科技和管理人才又是竞争的焦点。日本在20世纪50年代,曾把选拔管理人才和培养企业经营者作为振兴日本经济战略的大事来做,为当时日本"十年倍增计划的实现"和持续高速的发展奠定了雄厚的人才基础。这一经验值得我们借鉴。

总之,人力资源配备在管理中占有十分重要的地位,组织必须充分重视。

(二)人力资源的考选

组织中的任何工作都有一定的需求条件,只有具备相应条件的人员才能胜任。而要在具备相似条件的人群中选择最适当的人员,必须采用某种适当方法来检验。考试就是一种重要的选拔方法。它是了解候选人工作能力和知识水平的方法,考试结果体现候选人在能力、知识、专长上的水平和性格上的特征,然后依据工作所需的条件选择适当的人员。通过考试选拔人才有其局限性,因为,影响人的素质的因素十分复杂且不断变化。在某种意义上,与其说考试在选拔人才,不如说是在追求一种公平。

1. 考选的基本程序

有效的人事考选,一是要注意考选的程序,二是要注意考选的方法。

（1）考选的程序就如同一排有顺序的栅栏

合格的候选人可以较顺利抵达终点，而不能达到终点的人则被淘汰。在考选过程中，究竟设置多少栅栏，就属于考选人考虑的事情。如果候选人都通不过，整个考选就会无效；反之，如果过低，任何候选人均能通过，其结果也是无效。此外，栅栏安排得多，考选的成本也就越高。因此，排定考选程序必须首先确定栅栏的种类，如申请表、心理测验、专业考试、口试和身体检查等，同时要注意考选种类要以用人的目的和要求为依据。

（2）收集有关候选人的资料

①申请表。申请表是收集候选人有关资料最常用的方法，一般从申请表中可获得健康、教育、工作经验、社会关系等资料。

②候选人原工作单位的评价资料。在同一地区或同行业的组织之间，人力资源部门之间应相互沟通与合作，了解原单位候选人的评价意见和候选人离职的原因，有助于真实地了解候选人的情况。

③观察。观察在考选程序的最后决策中具有决定性的作用。面谈就是观察的主要方式，在组织中被普遍采用。把观察和考试相结合是组织考选程序的常用做法。

（3）对考选结果的解释

人力资源部门对上述申请表等资料和考试结果的解释与取舍，是考选程序中非常重要的一环。按照工作所需条件，决定测验或考试乃至面谈的内容，是考选的标准。但由于有多种因素影响考试的真实性，考试的成绩未必能代表应考人的知识与能力，在这种情况下就要进一步地分析和判断。也就是说，不要将考选的标准绝对化。而必须保持相当的弹性，为组织的解释和取舍留有充分的余地。

（4）报告与记录

每项考选程序都应有记录和报告以综合说明考选过程及结果。可以将考选的结果分为录用与不录用两个部分，录用部分的记录是建立人事资料的开始，从此纳入人事资料的系统之中，没有被录用的候选人的考选记录也有被保留的必要，主要基于以下理由：第一，录用的候选人可能由于种种原因不能报到工作，在人数较少的情况下，企业为节省考选费用，可在未录用的候选人中选拔替补。第二，可作为考选程序分析研究的事实资料，以便改进考选的技术和方法。第三，用作以后考选的辅助资料。

2.考选的基本方法

组织中的职位空缺必须尽快得到补充，但求职者是否具有满足该职位所要求的条件，以及在候选人超过所需人数的情况下如何择优录用，这就要求助于科学的考选办法。可以说，考选是一种尺度和预测。考选方法就是测量人的能力、性格、爱好与成就，决定其目前的水准，以此来预测其将来可能在工作上的成绩与发展。考核尺度的根据是事实和资料，预测则是对事实和资料的分析和判断。因此，所谓考选的方法是有计划地收集事实和资料的方法。考选的种类较多，这里仅介绍一些较重要的方法。

（1）测验

所谓测验，一般是指用文字的表达方式来了解所需要的事实与资料。测验本身是一种工具，用以测量应试者的心理素质和能力。一项有效选拔新进人员的测验必须把握以下四个因素：第一，测验本身的有效程度；第二，测验本身的可行程度或可信程度；第三，录取的比例；第四，录取人员担任工作后的满意程度。

（2）一般能力测验

①语文测验：常识、理解、记忆跨度等。

②操作测验：完成图画、图片排列、实物拼接、方块设计等。

（3）特殊能力测验

测验的目的在于测量种种特殊能力，如语文推理、数学能力、空间关系、文书速度。

（4）视觉测验

视觉对任何行业都具有不同程度的重要性。例如，纺织工必须具备敏锐的近距离视觉，并需要保持长久的注意力；司机必须具备远距离和辨认方位的视觉；电子装配工需要装配不同颜色的线路，因此必须具备良好的辨色能力；等等

（三）主管人员的选聘

主管人员的选聘是人力资源配备职能中最关键的一个步骤，因为这一工作的好坏，不仅影响到人员配备的其他方面，而且对整个管理过程的进行，乃至整个组织的活动，也都有着极其重要和深远的影响。主管人员的质量是任何一个组织不断取得成功的最重要的因素。"得人者昌，失人者亡"这是古今中外都公认的一条组织成功的要诀。因此，组织能否选拔和招聘到合适的主管人员，是关系组织活动成败的一项重要工作。

1. 选聘的依据

选聘主管人员，首先必须明确选聘的依据是什么，也就是根据什么标准来选聘。总的来说应该是德才兼备，但是从具体看待管理职位来说，我们认为，选聘的依据可以概括为以下两个方面：职位本身的要求及主管人员应具备的素质和能力。

（1）职位的要求

为了有效地选聘主管人员，首先必须对拟派去主管职位的性质和目的有一个清楚的了解。通常，组织结构设计中的职位说明书，对各职位（或职务）已有了总的规定。在选聘主管人员时，我们还可以通过职务分析来确定某一职务的具体要求，职务分析的主要内容通常有：这个职务是做什么的（即目的和任务是什么）？应该怎么做？需要一些什么知识和技能才能胜任？有没有别的方法实现目标？如果有的话，那么新的要求又是什么？

在确定某一主管职位的具体要求时，有以下几点值得注意：

①职位范围应该适当。一个职位范围如果规定得过窄就没有挑战性，没有成长的机会，也没有成就感，优秀的主管人员会因此感到厌烦和不满意。当然，职位范围也不能宽，否则会使主管人员无法有效地进行工作。

②职位工作量应饱和。如果某一职位的工作量不饱满，将会使主管人员意识到自己没有被充分利用。结果就可能导致他们过多地干预下属人员的工作，给下属执行自己的任务带来一定的麻烦。

③职位应当反映所要求的主管工作技能。一般要以所要完成的各项任务为出发点来规定。因此，职位的具体要求除了在工作方面做出清楚的规定外，在方法上还要容许有某些灵活性以发挥个人的特长。

（2）主管人员应具备的素质和能力

主管人员个人的素质和能力，是选聘主管人员中非常重要的一个方面。

①个人素质。对于一个主管人员来说，个人素质如何是很重要的，因为个人素质与管理能力密切相关，它虽然不是管理能力的决定因素，但管理能力的大小是以素质为基础的。早在20世纪初，法约尔就提出作为主管人员的个人素质应该包括以下几个方面：身体、智力、道德、一般文化、专业知识、经验。

②管理能力，即完成管理活动的本领。它的涉及面非常广。美国管理学家哈罗德·孔茨和罗伯特·卡茨认为主管人员应该具备的管理能力包括四类：

a. 技术能力。指在业务方面的知识和掌握的熟练程度。

b. 人事能力。指同员工共事的能力；它是组织协作、配合，以及创造一种能使其员工安心工作并自由发表意见的环境的能力。

c. 规划决策能力。指遇到问题能从大处着眼，认清形势，统筹规划果断地做出正确决策的能力。

d. 认识、分析与解决问题的能力。

随着管理层次的不同，这些能力的相对重要性也不同。一般地，组织能力和认识问题、分析问题、解决问题的能力，对每一层次的主管人员来说都是重要的。而其他两种能力则是随着组织层次的上升，技术能力所占的比重相对变得较小，规划决策能力所占的比重相对而言则变得较大。

2. 选聘的途径

选聘主管人员的途径，不外乎有两种：从组织内部提升（"内升制"）；从组织外部招聘（"外求制"）。

（1）内部提升

从内部提升是指从组织内部提拔那些能够胜任的人员来充实组织中的各种空缺职位。它意味着组织中的一人将从较低的职位选拔到较高的职位，担负更重要的工作。

实行"内升制"一般要求在组织中，建立起详尽的人员工作表现的调查登记材料，以此为基础绘制出主管人才储备图，以便在一些主管职位出现空缺时，能够据此进行分析研究从而选出合适的未来主管人员。

①许多组织都赞成从内部选拔提升人员，因为他们认为，从内部提升有许多优点，有利于组织目标的实现：一是由于对组织中人员有比较充实和可靠的资料供分析比较，候选人的长处和弱点都看得比较清楚，因此，一般来说，人选比较准确；二是被提升的组织内成员对组织的历史、现状、目标以及现存的问题比较了解，能较快地胜任工作；三是可激励组织成员的上进心，努力充实提高其本身的知识和技能；四是组织成员感到有提升的可能，工作有变换的机会，要提高员工的兴趣和士气，使其有一个良好的工作情绪；五是可使组织对其成员的培训投资获得比当初投资更多的培训投资效益。

②尽管"内升制"有许多优点，但它也存在一些不可忽视的缺点。

a. 当组织对未来所需主管人员的供需缺口比较大，即组织存在较多的主管空缺职位，而组织内部的主管人才储备或者是在量上不能满足需要，或者是在质上不符合职务要求时，如果仍坚持从内部提升，就将会使组织既失去得到一流人才的机会，又使不称职的人占据主管职位，这对组织活动的正常进行以及组织的发展是极为不利的。

b. 容易造成"近亲繁殖"。由于组织成员习惯了组织内的一些既定的做法，不易带来新的观念，而不断创新则是组织生存与发展不可缺少的因素。

c. 因为提升的人员数量毕竟有限，若有些人条件大体相当，但有的被提升，而有的仍在原来的岗位，这样，没有被提升的人的积极性将会受到一定程度的挫伤。

（2）外部招聘

从外部招聘是指从组织外部得到急需的人员，尤其是那些起关键作用的主管人员。外部招聘的渠道很多，可以通过广告、就业服务机构、一些管理协会或学校、组织内成员推荐等途径来进行。要使外部招聘得以有效地实施，就必须将组织空缺职位的有关情况，事先真实地告诉应聘者，例如职位的性质和要求、工作环境的现状和前景、报酬以及福利待遇等等。

①"外求制"的长处和优点

a. 有较广泛的人才来源满足组织的需求，并有可能招聘到第一流的管理人才。

b. 可避免近亲繁殖，从而给组织带来新的思想、新的方法，防止组织的僵化和停滞。

c. 可避免组织内没有提升到的人的积极性受挫，避免造成因嫉妒心理而引起的情绪不快和组织成员之间的不团结。

d. 大多数应聘者都具有一定的理论知识和实践经验，因而可节省在培训方面所耗费的大量时间和费用。

②"外求制"的缺点

a. 如果组织中有胜任的人未被选用，则从外部招聘会使他们感到不公平，因而可能产生与应聘者不合作的态度。此外，这些人由于对自己的前途失去了信心，因此，他们的士气或积极性将会受到影响。

b. 应聘者对组织的历史和现状不了解，需要有一个了解和熟悉的过程。

c. 由于不太了解应聘者的实际工作能力，因而在招聘过程中不可避免地会过多地注重其学历、文凭、资历等等，有时将会导致对应聘者产生很大的失望。

从以上对主管人员选聘途径的分析来看，主管人员的选聘，无论是"内升制"，还是"外求制"招聘，都不是十全十美，而各有其优缺点的。但在实际工作中，还是有一些一般的规律可循的。一般说来，当组织内有能够胜任空缺职位的人选时，应先从内部提升，当空缺的职位不很重要，并且组织已有既定的发展战略时，应当考虑从内部提升。然而，组织急缺一个关键性的主管人员，而组织内又无能胜任这一重要职位的人选时，就需从外部招聘。不然的话，勉强提拔内部人员将会导致组织处于停顿甚至后退状态。在通常情况下，选拔主管人员往往是采用内部提升和外部招聘相结合的途径，将从外部招聘来的人员先放在较低的岗位上，然后根据其表现再进行提升。

总之，一个组织选聘主管人员究竟是采用"内升制"，还是采用"外求制"招聘，要根据组织的具体情况而定，随机制宜地选择选聘的途径。

3. 选聘的程序与方法

在组织未来所需主管人员的数量和要求已经明确，并且制定了选聘政策之后，就要开始实施具体的选聘工作。选聘可在组织内由各级负责人员配备的主管人员和人事部门主持进行，也可委托组织外的机构或专家对候选人进行评价。

选聘的具体程序应包括哪些步骤，这是随着组织和性质，以及空缺主管职位的重要性和要求的不同而不同的。不过在实施时，应考虑到实施这些步骤的诸如时间、费用、实际意义以及难易程度等因素。

（1）选聘的实施程序

①负责人员配备的主管人员和人事部门，根据主管人才储备图和组织外部的应聘者初步筛选出来作为候选人的名单。

②获取有关的参考资料。候选人参考资料的获得有两条途径：

a. 从候选人的申请表中获得，亦可从候选人的档案以及推荐信、证明书、工作鉴定等一些个人提供的资料中获得。

b. 面谈。面谈可以获得许多候选人的直接的第一手资料，例如仪表举止、表达能力、思维是否敏捷、反应是否灵活等等。面谈可以举行一次，也可举行多次，以便进一步了解情况。面谈一般可以分为三类，即事先拟定的、半拟定的和未拟定的。事先拟定好的问题大多是：最近担任的职位中，具体的任务和职责是什么；在这个职位中取得了哪些成绩;对于你过去的职位，哪些你喜欢，哪些你不喜欢;为什么要变换职位;

等等。对拟定和未拟定的问题，具体与候选人面谈的主管人员就主动性比较大，可随机地问一些问题。面谈的优点是直接简便，可以淘汰那些显然不合格的候选人，但其不足之处是容易受候选人表面现象的影响。

③举行测验。进一步了解候选人各方面的素质和能力。通常的测验有四大类：

a.智力测验。目的是衡量候选人的记忆力、思考的速度和观察复杂事物相互关系的能力。

b.熟练程度和才能测验。其目的在于发现候选人的兴趣所在、现有的技能以及进一步掌握技能的潜力和能力。

c.业务测验。目的是发现候选人是否适宜担任的职务。

d.个性测验。目的是衡量候选人在管理才能方面的潜力。

④体格检查。

⑤上级主管批准。

（2）评审中心的方法

近年来，在国外，越来越多的组织依靠组织外的一些机构，如评审中心，作为选聘主管人员的一种辅助方法。这一方法在第二次世界大战中曾被德国、英国和美国用于选拔战略情报机构的人员，而用于一般组织的人员选聘还是由美国电报与电话公司开始的。为了观察一个有可能担任主管人员的人在典型的主管岗位上将如何行动，评审中心通常是让候选人花 3~5 天的时间，参加一系列实习。

4.选聘的原则和应注意的问题

（1）选聘过程中应遵循的原则

①公开竞争原则

公开竞争原则可以表述为：组织越是想获得高质量的主管人员，提高自己的管理水平，就越应在选拔和招聘未来主管人员的过程中鼓励公开竞争。按照这一原则，就是要将组织的空缺职位向一切最适合的人选开放，而不管他们是组织内部还是组织外部的，大家都机会均等，一视同仁，这样才能保证组织选到自己最满意的人员。要保证公开竞争能够实行，大前提是人才流动。如果人才不能流动，那么公开竞争实际上也是做不到的。

②用人之长原则

用人之长原则可以表述为：在主管人员的选聘过程中，要根据职务要求，知人善任，扬长避短，为组织选择最合适的人员。人无完人，每个人都有其长处和短处，只有当他处在最能发挥其长处的职位上，他才能干得最好，组织也才能获得最大的益处。因此，选聘主管人员，关键在于如何根据职位要求，发挥个人的长处，既使候选人能够各得其所，各遂其愿，人尽其能，又能使组织得到最合适的人选。

（2）选聘过程中应注意的问题

①选聘的条件要适当

决定选聘的依据和条件，一定要切实根据组织的目标和这一目标对人员配备职能的要求，根据所需配备人员的职位的性质，根据该职位对候选人的要求等来客观地设计，这样才能既不至于浪费大量的时间、精力和费用，又能够得到组织所需的合适的主管人员。

②对选拔人员的要求

不同的主持选拔的人员可能对同一个候选人有不同的看法。因此，为了保证评价与选拔的客观性和准确性。具体主持选拔的人员自己应该首先具有较高的素质和能力，并且还要有伯乐的慧眼，这样才能既做到对候选人不偏不倚，评价公正客观，又能慧眼识真才，从而为组织选聘一流的人才。

③要注意候选人的潜在能力

有些人在担任现职时工作干得不错。但当被提升到高一级职位时就显得不能胜任了。按照"彼得原理"的说法，如果一个主管人员在其职位上有成就，那么正是这种成就导致他提升到更高的地位，以致这人终于"被升过头"。出现上述的现象，显然是危险的。但是，若不这样步步提升，也可能出现另一种情况，那就是主管人员的才能可能得不到充分发挥。因此，这里就有一个正确估计候选人潜在的能力的问题。例如，将被提拔的候选人是否有能力处理更大的、更复杂的事务；是否能领导更多的人；是否具有战略头脑；等等。只有既考察他在现有职位中表现的才能高低，又考察他有无胜任更高一级工作的潜能，才能既避免那种"提过头"的危险，也不至于浪费人才。

④要敢于大胆起用年轻人

在主管人员的选聘和利用上，要根据德才兼备的标准，大胆地提拔年轻人，这对一个组织是不是充满活力，尤其是对组织的发展，是有非常重要的战略意义的。他们思维敏捷，精力充沛，是组织自下而上与发展的不可缺少的力量。在现实生活中有些人总觉得年轻人"太嫩"，总是不放心，不敢委以重任，不敢放手使用。这种状况在不少组织上都有不同程度的存在。当然，不可否认，年轻人缺乏经验，但经验是在实践中取得的，如果不委以重任，怎么能使他们得到锻炼和提高呢？因此，既然启用年轻人的意义如此重大，那么在主管人员的选聘过程中，就要有意识地大胆提拔他们、使用他们，重点培养他们，使他们在重要的岗位上尽快地成为更成熟、更富有经验的优秀的主管人才。

四、人力资源规划政策及评估

（一）人力资源规划政策及措施

根据人力资源供给与需求预测结果的比较，制定相应的人力资源政策和措施。这种政策有两大类：一是解决人力资源短缺（即供给不足）问题的规划、政策和措施；二是解决人力资源过剩（即供给过剩）问题的规划、政策和措施。

1. 制订解决人力资源短缺规划

（1）将员工调往空缺岗位。

（2）培训员工，并对受过培训的员工进行晋升性补缺。

（3）延长员工的工作时间。

（4）提高员工的生产效率。

（5）雇用非全日制临时工，如已退休者。

（6）雇用全日制临时工。

（7）雇用全日制正式工。

（8）超前增加生产。

其实，解决人力资源短缺最有效的一种方法是充分调动现有员工的积极性以提高生产效率。这可以通过奖金奖励，提高员工技能、重新设计工作过程、改进技术设备等来实现。

2. 制订解决人力资源过剩规划

预测人力资源过剩时，就应采取相应的办法，尽量消除由过剩带来的影响。一般而言，备选方案为：

（1）关闭组织（如关闭工厂等）。

（2）永久性辞退员工。

（3）鼓励提前退休。

（4）通过人力消耗减少人员和转移劳动力。

（5）重新培训和调动。

（6）临时性辞退员工（随之减少或停发工资）。

（7）减少员工工作时间（随之减少工资）。

（8）由两个或两个以上的员工分担同一工作和任务（随之减少工资）。

（二）人力资源规划效益评估

每个组织都对人力资源规划在帮助组织实现目标过程中所体现出来的效益进行评估，其主要方面是投入成本与产出效益分析。当然，用定量方法检查投入成本较容易，衡量非定量化的产出效益就不太容易了。因此，在评估人力资源规划效益时，还得考虑：

（1）在制定组织发展战略、目标和任务以及制订组织发展计划的过程中，人力资源规划发挥了多大的作用。

（2）管理人员在制定目标和任务及方针、政策与措施时，是否愿意听取人力资源管理人员的意见。

（3）人力资源管理人员在制订和执行规划时，能获取和提供哪些信息。

（4）当然，对人力资源规划实施中的招聘、挑选、培训与发展的投入成本与产出效益是可以通过计算机计算的。

五、人力资源规划的预算

（一）人力资源预算的含义

预算是数字化的计划。人力资源预算是计划的强有力工具，它表明在未来计划期内，在财务上各种人事活动要花费多少资金，从而可用来指导从事人事职能的人们的行动。而且，在预算期末，预算还可以作为实际费用相比较的基础。因此，人力资源预算不仅有利于人力资源的计划工作，也有利于人力资源的组织工作和控制工作。

（二）制定人力资源预算应注意的环节

1. 人力资源预算必须了解的内容

（1）要雇用、培训、审议和调动多少人？要向多少人支付养老金？

（2）需要哪些娱乐活动、社会活动和体育活动计划？各需多少奖金投入？

（3）要举行多少次劳资恳谈会，多少次集体谈判？费用多少？

（4）多少工人有可能出事故、生病、遇到不幸或需要住院治疗？费用多少？

（5）需要多少管理人员、技术人员和职员来完成人事职能？需要支付他们多少工资？

显然，对上述问题的回答与公司对人事关系所采取的基本态度有关。例如某家公司相信，在公司大楼中为进行宗教祈祷的人提供便利的做法是可取的。这样，该公司就应准备支付这笔费用。而另一家公司则对此不以为然，则在预算中不予考虑。

2. 人力资源预算时的沟通

通常的做法是要求组织中的基层呈交预算报告，经过上级的复审，再报最高管理部门进行综合审查，看其是否与公司的总体规划一致，最后再把修改好的预算报告交还基层。在与预算有关的所有当事人都感到满意之前，经常是要这样上下反复多次。这种充分的沟通，不仅保证了预算的质量，也促进了有关部门和人员在人事工作指导思想上达成共识。

3. 将计划的缺口、不平衡和重复现象减少到最低限度

在预算期末，可将实际费用填写在预算额旁的一栏中，并进行比较，由此便能分

析偏差的大小及其产生原因。这至少有三个好处：①判断谁该受奖，谁该受罚；②总结经验教训，以利于下一计划期的预算工作；③将有关数字与其他公司或整修行业平均数字进行比较，有利于找出差距，进一步改进本单位的人力资源开发与管理工作。

第四节　人员招聘

一、概述

（一）招聘与选拔及其意义

市场竞争归根到底是人才的竞争。随着经济的发展，各行各业对人才的需求也越来越强烈，企业要发展就必须不断地吸纳人才。招聘，就是替企业或机构的职位空缺挑选具有符合该职位所需才能的人员的过程；求才的目的在于选择一位最适宜、最优秀的人才。

人员招聘与选拔是组织寻找、吸引那些有能力又有兴趣到本组织任职，并从中选出适宜人员予以录用的过程。在这里，人员选拔是人员招聘的一个环节，也是最重要的环节。

1. 人员招聘任务的提出有如下几种情况：
（1）新组建一个企业。
（2）业务扩大，人手不够。
（3）因原有人员调任、离职、退休、死伤而出现职位空缺。
（4）人员队伍结构不合理，在裁减多余人员的同时需要补充短缺人才。

2. 人员招聘意义
（1）招聘质量事关重大。新补充的人员的素质，犹如制造产品的原材料，将严重影响到今后的培训及使用效果。素质好的新员工，接受培训效果好，很可能成为优秀人才；素质差的新员工，在培训及思想教育方面要投入很多，不一定能培训成优秀人才。

新补充的人员的素质不仅决定着其本人今后的绩效，而且还会影响到组织气氛，例如极少数调皮捣蛋的员工有可能使整个部门的绩效严重下降。不合格的人员进入企业会带来一系列麻烦，辞退一名员工会受到各方干预，而且还会给对方造成心理创伤。

（2）招聘是一项比较困难和复杂的工作。一方面是优秀人才比较短缺，即使在失业率很高的情况下，组织所需的某些员工也是很难找到的。英国在大萧条时期，人力资源管理部门在市场上招聘经理人员时竞争仍十分激烈。另一方面，识别人是比较困难的，了解一个技术工人需要几小时到几天，了解一个工长需几周到几个月，而对企业经营者，则需要几年才能做出判断。

招聘的困难还在于一些有权力的人物要求安排自己的亲友到较好的职位，使执行公平竞争法则受到挑战。招聘的复杂性还表现在一系列法律、政策的制约方面。例如，美国有公平就业法，要保证有一定比例的妇女、少数民族被雇佣。因此，能否招聘到合格的尤其是优秀的人才，是衡量人力资源管理部门成绩的主要依据之一。

（二）招聘的原则

1. 公开原则

指把招考单位、种类、数量，报考的资格、条件，考试的方法、科目和时间，均面向社会公告周知，公开进行招聘。一方面给予社会上的人才以公平竞争的机会，达到广招人才的目的；另一方面使招聘工作置于社会的公开监督之下，防止不正之风。

2. 竞争原则

指通过考试竞争和考核鉴别确定人员的优劣和人选的取舍。为了达到竞争的目的，一要动员、吸引较多的人报考，二要严格考核程序和手段，科学地录取人选，通过激烈而公平的竞争，选择优秀人才。

3. 平等原则

指对所有报考者一视同仁，不得人为地制造各种不平等的限制或条件和各种不平等的优先优惠政策，努力为社会上的有志之士提供平等竞争的机会，不拘一格地选拔、录用各方面的优秀人才。

4. 级能原则

人的能量有大小，本领有高低，工作有难易，要求有区别。招聘工作，不一定要最优秀的人才，而应量才录用，做到人尽其才、用其所长、值得其人，这样才能持久、高效地发挥人力资源的作用。

5. 全面原则

指对报考人员从品德、知识、能力、智力、心理、过去工作的经验和业绩进行全面考试、考核和考察。因为一个人能否胜任某项工作或者发展前途如何，是由其多方面因素决定的，特别是非智力因素对其将来的作为起着决定性作用。

6. 择优原则

择优是招聘的根本目的和要求。只有坚持这个原则，才能广揽人才，选贤任能，为单位引进或为各个岗位选择最合适的人员。为此，应采取科学的考试考核方法，精心比较，谨慎筛选。特别是要依法办事，杜绝不正之风。

（三）人员招聘的组织责任

1. 拟订招聘标准（不同于职务标准，正如原材料、备件标准不同于产品零部件标准一样）。

2. 拟订招聘方案，开展必要的公关活动。
3. 接待来访及应试人员，介绍企业情况，保持与备选人的联系。
4. 组织体格检查。
5. 组织面试及专门的考试、测验。
6. 对应试人员的历史及背景进行必要的调查。
7. 记录及保存记录。
8. 研究招聘技术并加以改进。

（四）招聘的方式

一般企业组织所采用的招聘方式可归结为三大类型，即笔试、面试和实地测验。

1. 笔试

笔试包括论文式的笔试和测验式的笔试。

（1）论文式的笔试

它以长篇的文章表达对某一问题的看法，以展示自己所具有的知识、才能和观念等。该方式有下列优点：易于编制试题，能测验书面表达能力，易于观察应聘者的推理能力、创造力及材料概括力。同时它也存在下列缺点：评分缺乏客观的标准，命题范围欠广博、不能测出应聘者的记忆能力。

（2）测验式的笔试

它是以是非法、选择法、填充法或对比法来考察应聘者的记忆能力和思考能力。该方法的优点为：评分公正，抽样较广，能免除模棱两可及取巧的答案，可以测出应聘者的记忆力，试卷易于评阅，但该方法也有下列缺点：不能测出应聘者的推理能力、创造能力及文字组织能力，试题不易编制，答案可以猜测，有时甚至可以掷骰子的方式来碰运气。

在进行招聘时，究竟采取哪种方式来测验应聘者，必须经过详细研究，视工作情况来决定。

2. 面试

也称口试，即主试者以各种问题面对面地询问应聘者。面试对于一个人各方面能力的测验都具有特殊的功效。例如，欲考察应聘者的学识，则问之以各种知识；欲考察应聘者的应变能力，则问之以各种极富机敏性的问题；欲考察其社会成熟度或性格的稳定性，则可以实施压力式的面试。

面试的方式有多种，有模式化的面试、非指导性的面试、状况面试、压力式面试，兹分别介绍如下：

（1）模式化的面试

它指招聘者先调查应聘者的背景、资料，再精确地审核应聘书中的资料，然后根据审核结果，配以工作说明书，逐一地以所列的问题来询问应聘者。

（2）非指导性的面试

指招聘者海阔天空地与应聘者交谈，不知不觉中引导至面试的正题。

（3）状况面试

这也称问题式面试，其方法是招聘者对应聘者提出一个问题或一套计划，要他设法解决或完成。其目的在于了解应聘者对于该项特别工作或在该特殊情况下，所表现的成就如何。

（4）压力式面试

所谓压力式面试是经由招聘者有意地对应聘者施加压力，使之焦虑不安，以探究应聘者在这种压力状况下如何来应付。这种面试方式特别适用于对高级管理人员的测试。一般而言，面试是一种极为方便且有效的测试方法，但也具有下列缺点：测试的有效性和可靠性不甚确定；招聘者与应聘者可能串通作弊。

由于存在这种缺点，所以，目前一般较具规模的企业组织招聘重要的职位时，都采取笔试和面试两种方式来测试应聘者。

3. 实地测验

所谓实地测验，是对于应聘者的能力或技巧做实际的考察。这种测验纯粹为一种辅助性的测验，其测验的对象都为技术人员、半技术人员或管理人员。

这种测验要求招聘者有相当的专业知识，能对所测人员做出正确的评价。

（五）招聘的途径

1. 企业内部招聘

内部职员既可自行申请适当位置，又可推荐其他候选人。员工的情绪可以由此改善，同时也可降低招募的成本费用。但是内部来源如处理不当，容易引起各种纠纷，所以招募时一定要有固定的严格的标准。

许多规模较大、员工众多的公司都可以定期让内部职员动员自己的亲属、朋友、同学、熟人介绍别人加入公司的外勤销售行列。利用这种途径有许多优点，如由于被介绍者已对工作及公司的性质有相当的了解，工作时可以减少因生疏而带来的不安和恐惧，从而降低退职率。

内部选拔是员工招聘的一种特殊形式。严格来说，内部选拔不属于人力资源吸收的范畴，而应该属于人力资源开发的范畴。但它又确实是企业与员工招聘关系最密切的一部分工作，因此，我们放在这里一起阐述。

（1）内部提升

当企业中有些比较重要的岗位需要招聘人员时，让企业内部的符合条件的员工从一个较低级的岗位晋升到一个较高级的岗位的过程就是内部提升。内部提升的主要优点是：有利于激励员工奋发向上，较易形成企业文化。其主要缺点是：自我封闭，不易吸收优秀人才，可能使企业缺少活力。

内部提升应遵循以下原则：

①唯才是用。

②有利于调动大部分员工的积极性。

③有利于提高生产率。

（2）内部调用

当企业中需要招聘的岗位与员工原来的岗位层次相同或略有下降时，把员工调到同层次或下一层次岗位上去工作的过程称之为内部调用。

内部调用的主要优点是：对新岗位的员工较熟悉，较易形成企业文化。其主要缺点与内部提升的缺点相似，另外还可能影响员工的工作积极性。

内部调用应遵循以下原则：

①尽可能事前征得被调用者的同意。

②调用后更有利于工作。

③用人之所长。

（3）内部选拔的评价

在企业中，内部选拔是经常发生的，当一个岗位需要招聘时，管理人员首先想到的是内部选拔是否能解决该问题。由于内部选拔费用低廉，手续简便，人员熟悉，因此当招聘少数人员时常常采用此方法，而且效果也不错。但是当企业内员工不够或者没有合适人选时，就应该采取其他的形式进行招聘。

2. 企业外部招聘

一个企业必须不断地从其外部寻求员工，特别是当需要大量地扩充其劳动力时。下列需求需要从外部招聘中满足：

①补充初级岗位。

②获取现有员工不具备的技术。

③获得能够提供新思想的并具有不同背景的员工。

（1）企业外部招聘的主要途径

①大中专院校及职业技工学校

这是招收应届毕业人才的主要途径。各类大中专院校可提供中高级专门人才，职业技工学校可提供初级技工人才。单位可以有选择地去某校物色人才，派人分别到各有关学校召开招聘洽谈会。为了让学生增进对企业的了解，鼓励学生毕业后到本企业来工作，征募主持人应当向学生详细介绍企业情况及工作性质与要求，最好印发公司简介小册子，或制成录像带、印刷介绍图片。

②人才交流会

各地每年都要组织几次大型的人才交流洽谈会。用人单位可花一定的费用在交流会上摆摊设点，应征者前来咨询应聘。这种途径的特点是时间短、见效快。但是，在这种交流会上，小型企业很难招聘到优秀人才。

③职业介绍所

许多企业利用职业介绍所来获得所需的销售人员。但有人认为，这类介绍所的待业者多为能力较差而不易找到工作的人。不过如果有详细的工作说明，让介绍所的专业顾问帮助遴选，使招募工作简单化，也可以找到不错的人选。

④竞争者与其他公司

对严格要求近期工作经验的职位来说，其竞争者及同一行业或同一地区的其他公司可能是其最重要的招聘渠道。约有5%的工人随时都在积极寻求或接受着岗位的变化，这一事实突出了这些渠道的重要性。进一步来说，每3个人中，特别是在经理和专业人员中，每隔五年就要有1个人变换工作。

即便是实行内部提升政策的组织，偶尔也会从外部寻找能补充重要职位的人员。当沃尔克瓦根雇用洛佩斯作为通用汽车公司的采购业务部经理时，引起了该公司的愤怒。通用汽车公司不仅担心洛佩斯会泄露公司的商业秘密，而且断言沃尔克瓦根会加紧攻击通用汽车公司其他重要的管理人员的工作。奥佩尔主席声称，沃尔克瓦根瞄准的是奥佩尔和通用汽车公司的40多位经理。企业突如其来的规矩可能要遭到争议，但应当把竞争者和其他公司作为招聘高素质人才的外部渠道却是显而易见的。小的公司更注重寻求那些受过具有很大开发资源的大公司培训的员工。例如，一家光学仪器公司认为自己的业务尚不足以提供广泛的培训和开发项目，因此一个被该企业招聘为重要管理角色的人，以前可能至少已经两次竞争上岗担任过这样的职位。

⑤行业协会

行业组织对行业内的情况比较了解，经常访问制造商、经销商、销售经理和推销员，如香港管理专业协会的市场推销研究社，企业可通过它介绍或推荐而获得希望转职的销售人员。

⑥其他

失业者常常是一个重要的招聘来源，每天都有合格的求职者因不同的原因加入到失业队伍中。公司破产、削减业务或被其他公司兼并，都使许多合格的工人失去了工作。有时员工仅仅由于与他们的老板的个性差异也被解雇。员工对其工作感到灰心也会使他们轻率地放弃工作。

包括那些已退休在内的老工人，也构成了一个宝贵的员工来源。虽然这些老工人经常成为消极的陈规陋习的受害者，但事实也支持了老年人能够很好地完成一些工作这样的观点。当肯德基炸鸡公司在招聘年轻的工人遇到困难时，它就转而招聘老年人和那些残疾人，结果公司在6个月之内戏剧性地减少了空缺率和流动率。管理部门的调查显示，大多数雇主对他们的老工人评价很高。他们重视后者有很多原因，包括他们的知识、技能、职业道德、忠诚和良好的基本文化素质。

自第二次世界大战结束以来，转业是一项使兵役服务裁减得以最大减轻的项目。由于这些人员具有真实的工作历史、灵活、目标明确、药费免费等特点，所以对许多雇主来说，有理由从这种渠道中雇用员工。另外，退伍军人的普遍特征是，他们的目标和工作取向特别适合于强调全面质量管理的公司。

最后，个体劳动者也是一个良好的潜在招聘来源。对于要求具备公司内部技术、专业、管理或企业专门知识的各种工作来说，这些人也构成了一种求职者来源。

3. 外部招聘的评价

相对于内部安排，外部招聘同样既有优点又有缺点。

（1）外部招聘的优点

①候选人员来源广泛，具备各类条件和不同年龄层次的求职人员有利于满足企业选择合适人选的需要。

②有利于组织吸收外部先进的经营管理观念、管理方式和管理经验，内外结合不断开拓创新。

③对外招聘管理人员，在某种程度上可以缓解内部候选人竞争的矛盾。当有空缺位置时，一些人往往会通过自我"打分"而有被入选提拔的希望。如果参与竞争的人条件大致相当，竞争比较激烈，但却又都不太合适，在这种情况下，从外部选聘就可以缓解这一矛盾，使未被提拔的人获得心理平衡。

（2）外部招聘的缺点

①应聘者的条件不一定能代表其实际水平和能力，因此不称职者会占有一定或相当比例。

②应聘者入选后对组织的各方面情况需要有一个熟悉的过程，即不能迅速进入角色开展工作。

③如果组织中有胜任的人未被选用或提拔，外聘人员的做法会挫伤组织员工的积极性。如果形成外聘制度，则更需慎重决定，因为其影响面可能更大。

以上内容分析了内部安排和外部聘用的优缺点，究竟哪一种方式选聘管理人员对组织更适合，这就要对人事变动的具体情况进行分析而定。在实际工作中，组织通常采用内部安排与外部招聘相结合的方式配备管理人员和主管人员。

（六）招聘的评估

1. 评价招聘工作的标准

招聘的目的在于了解应聘者的实际能力，如果应聘者受试的结果高于公司所要求的标准，应聘者就是一位公司所要求的人才，因此招聘应该符合以下标准：

（1）有效性

测试应围绕岗位要求拟定测验项目，内容必须正确、合理，必须与工作性质相符合。例如，如果要挑选市场调查研究员，则所要测试的内容必须与行销、调查、统计和经济分析的知识有关，否则测试便无意义了。

（2）可靠性

它是指评判结果能反映应聘者的实际情况，测试成绩能表示应聘者在受试科目方面的才能、学识高低，例如应聘者行销学方面的测试成绩为90分，就应该表示他在这方面的造诣也确有90分的水准。

（3）客观性

它是指招聘者不受主观因素的影响，如成见、偏好、价值观、个性、思想、感情等；另一方面，应聘者的身份、种族、宗教、党派、性别、籍贯和容貌等因素不会因不同而有高低之差别。招聘要达到客观性，就必须在评分时摒除以上两种主观的障碍，这样才能达到绝对的公平。

（4）广博性

它是指测试的内容必须广泛到能测出所要担任的工作的每一种能力，并且每一测试科目的试题应该是广泛的，而不是偏狭的。如要招聘一位医药业务代表，其测试的科目不能只限于医药专科知识一科，还得包括社交能力、英文、推销技巧等科目。当招聘工作符合上述的有效性、可靠性、客观性和广博性四个标准时，招聘到的人选必然是能担当大任的。

2. 招聘成本评估

（1）招聘成本评估

招聘成本评估是指对招聘中的费用进行调查、核实，并对照预算进行评价的过程。招聘成本评估是鉴定招聘效率的一个重要指标，如果成本低，录用人员质量高，就意味着招聘效率高；反之，则意味着招聘效率低。另外，成本低，录用人数多，就意味着招聘成本低；反之，则意味着招聘成本高。公式为：企业进行小型招聘时，成本评估工作很简单，如果是一次大型的招聘活动，一定要认真做好成本评估工作。

（2）招聘预算

每年的招聘预算应该是全年人力资源开发与管理的总预算的一部分。

招聘预算中主要包括：招聘广告预算、招聘测试预算、体格检查预算及其他预算。其中招聘广告预算占据相当大的比例，一般来说按4：3：2：1比例分配预算较为合理。例如，如果一家企业的招聘预算是5万元，那么，招聘广告的预算应是2万元，招聘测试的预算应是1.5万元，体格检查等的预算应是1万元，其他预算应是5000元。当然，每个企业可以根据自己的实际情况来决定招聘预算。

（3）招聘核算

招聘核算是指对招聘的经费使用情况进行度量、审计、计算、记录等的总称。通过核算可以了解招聘中经费的精确使用情况是否符合预算以及主要差异出现在哪个环节上。

3. 录用人员评估

（1）录用人员评估

录用人员评估是指根据招聘计划对录用人员的质量和数量进行评价的过程。

在大型招聘活动中，录用人员评估显得十分重要。如果录用人员不合格，那么招聘过程中所花的时间、精力、金钱都浪费了；只有全部招聘到合格的人员才能说全面完成了招聘任务。

（2）各种数据的评析

录用比越小，相对来说，录用者的素质越高；反之，则可能录用者的素质较低。如果招聘完成比等于或大于100%，则说明在数量上全面或超额完成了招聘计划。应聘比越大，说明发布招聘信息的效果越好，同时说明录用人员的素质可能较高。

（3）录用人员质量的评估

除了运用录用比和应聘比这两个数据来反映录用人员的质量外，也可以根据招聘的要求或工作分析中的要求对录用人员进行等级排列来确定其质量。

二、招聘的基本程序

（一）招聘决策

1. 招聘决策及其意义

所谓招聘决策，是指企业中的最高管理层关于重要工作岗位的招聘和大量工作岗位的招聘的决定过程。个别不重要的工作岗位招聘，不需要经过最高管理层的决定，也不需要经过招聘基本程序的四大步骤。招聘决策意义重大。任何企业都需要进行招聘决策，其好坏将直接影响到以后招聘的步骤。

（1）适应企业的需要。企业要发展一定要使人才流动起来，一定要吸引更多的人才来担任新增的工作。

（2）使招聘更趋合理化、科学化。由于招聘决策会影响到其他步骤，一旦失误，以后的工作就很难开展。

（3）统一认识。招聘是一件涉及企业未来发展的大事，只有最高管理层观点一致，才能顺利地完成招聘全过程。

（4）激励员工。有些大型企业，在人力资源开发管理部下分设员工招聘科，从事日常的招聘工作。但是大量的或重要的员工招聘一般均由最高管理层决定。招聘工作会给现职员工带来一种压力，一来新进员工会带来新的竞争，二来招聘的岗位为员工带来了新的挑战。

2. 招聘决策的原则及内容

（1）招聘决策的原则

①少而精原则。可招可不招时尽量不招；可少招可多招时尽量少招。招聘来的人一定要充分发挥其作用，企业是创造效益的集合体，不是福利单位。

②宁缺毋滥原则。招聘决策时一定要树立起"宁缺毋滥"的观念。这就是说，一个岗位宁可暂时空缺，也不要让不适合的人占据。这要求我们决策时要有一个提前量，而且广开贤路。

③公平竞争原则。只有通过公平竞争才能使人才脱颖而出，才能吸引真正的人才，才能起到激励作用。

（2）招聘决策的内容

①什么岗位需要招聘，招聘多少人员，每个岗位的具体要求是什么。

②何时发布招聘信息，运用什么渠道发布招聘信息。

③委托哪个部门进行招聘测试。

④招聘预算是多少。

⑤何时结束招聘。

⑥新进员工何时到位。

3. 招聘决策的运作

（1）用人部门提出申请。需要增加人员的部门负责人向人力资源开发管理部提出需要人员的人数、岗位、要求，并解释理由。

（2）人力资源开发管理部复核。资管部门应该到用人部门去复核申请，并写出复核意见。

（3）最高管理层决定。根据企业的不同情况，可以由总经理工作会议决定，也可以在部门经理工作会议上决定。决定应该在充分考虑申请和复核意见的基础上产生。

（二）分析工作

1. 分析工作，确定岗位任务与人员素质要求

目前，不管是报上所登的招聘启事，还是人才交流中心的广告，都只注重岗位的一般素质要求，如年龄、性别、学历等，而忽视了所招岗位的主要任务。这样的要求过于简单，不利于双方更好地交流。正确的方式是根据岗位要求，制定工作说明书，明确岗位的任务，制定面试的计划，包括问题的种类、选用何种方式提问等等。如拟定一份招聘某部门主管的广告，其内容就必须包括该职位的职称、薪金、所需资格条件、经验、年龄以及工作性质等。

工作说明书是工作分析结果的书面陈述，下面我们以教师、人事专职员、工资专职员、人事管理员为例，说明工作说明书的内容。

2. 分析工作范例

（1）招聘理论教师

①据培训大纲，制定教育计划，确定教育内容和教育办法、手段。

②选定教材，或在需要的时候编写补充教材。

③传授专业知识，并承担足够的课时。

④负责使用管理培训所用的教具、设备、设施、仪器等。

⑤根据需要设计或制造新教具。

⑥据培训方针，独立编写创新的教材。

⑦分析教育动态，提出新的培训方向，供领导决策。

（2）招聘人事专职员

①研究、分析各部门人员的层次结构、工时利用和职工的心理动态，提高公司的工作效益。

②利用计算机技术提高人员管理水平，为各部门提供人事信息。

③严格掌握各部门人员的坐岗情况，做好调、定岗工作。

④根据主管部门批准的人员计划，掌握各部门的人员需求，提供人员需求信息，为制订人员配备计划提供依据。

⑤与各部门配合，共同做好新进人员的试用及实习期考核及各类合同的签署工作。

⑥认真对待职工来信、报告及采访，及时答复处理意见。

⑦完成领导交办的特殊任务。

3. 预测所需员工人数

（1）过程

这是一种运用简单算术进行预测的活动。时间研究和劳动标准都能使估计更加准确。第一步，弄清下个星期、下个月、下个季度或可以确定的时间内部门计划生产的东西。第二步，依据整个工时计算。向筹划、工业机械、核算或计划部门索要有关的估算数据用来帮助完成这项工作。这些部门的计划安排一般是基于对工时和员工人数的估计。

如果需要的工时记录找不到，就得自己进行估算。可以通过检查以前的或相似工作的工时，仔细地预测每项工作所占用的时间。请注意保留有关工时或工日的数字记录。这些工作必须做得具体并且留有余地。尽力回顾与各项工作有关的延迟事项，并为其留出一定的时间。

对于由机器控制的工作（就是说，工作的完成速度不可能快于机器运行的速度），预测应该基于以下这些因素：①机器做各项工作需要多少时间（要给休息或闲暇留出时间）；②要运行机器需要多少时间。

第三步，将时间转换为工时并除以 8，确定为完成工作计划需要的时间。

第四步，工作日除以全部工作日，确定需要的员工人数。但注意不要局限于此。

第五步，检查此期间需要多少暂时的员工。

第六步，将员工的人数（直接人工）与暂时雇佣人数相加就是雇佣的总人数。

第七步，允许缺勤。每个月，部门里员工缺勤平均天数是多少？汇总起来，一个月内总共损失了多少工时？

（三）吸引适当人才前来

在关于企业和职位的一切必要信息已经搜集齐全后，下一项任务是与被认为有可能担任那项职位的人的数据进行匹配。这就需要有适当的人来申请那个职位。这可以通过在企业内外刊登广告，或利用擅长于刊登空缺职位广告的广告事务所，也许还可使用搜罗高级管理人员的专门咨询事务所。所有这些方法可能都必须要考虑周到。一个良好公共关系形象在很大程度上有助于招收高质量的管理人才，一个不好的形象则能严重地妨碍它。写好职位空缺广告是一项高度熟练的工作。在人员挑选过程中，一名专家会提供很大的帮助。关于职位空缺广告内容、布局、地位和适当地选择广告媒介有很多准则可循。那些准则主要是依靠经验而不是由凭空臆造产生的。这些准则至少可以帮助刊登广告者不至于犯明显的错误。这就是职位空缺广告专家在很少或不用支出额外费用的条件下能帮助企业吸引合适的职位申请者的原因。这部分工作可以从两方面着手，一是由组织内部产生，二是从其他地方寻找。

1. 指定小组工作人员中的一员来接手这份工作，有许多好处。除了在评定这个人的情况时比较能正确地掌握外，该名员工对自己的组织、公司的产品及各种系统等，也都已经有充分的认识。

2. 提升内部同仁对组织内部的员工而言，可以说是在其心理上添加了一剂振奋剂。然而一般公司的做法都是从外部征才，就连一些自称拥有员工晋升政策的公司，也往往使用外来的"空降部队"，而不是训练内部那些具有潜力的员工。

3. 在公司内的布告栏或是公司的内部刊物上，张贴人员空缺广告，列明必备条件及资历要求，以免吸引不适合的人前来应征，造成不必要的困扰。

4. 也可考虑向公司内、外同时求才的方式，刊登广告，以便有较多的选择机会并注入一些竞争声势。

5. 不可为了帮助公司内部的应征者而改变任何招考员工的规则。公司用人应有一定的程序，不论对任何人都一样。内部的员工在应征时应该跟其他人一样，他们必须能够符合人力需求书上所列各项要求、通过面谈并参加任何必需的甄选考试才行。

6. 如果公司内部这位应征者没有考上的话，要向他说明原因。这样做对所录用的人来说，一来可以避免谣言的产生，二来也不会有多余的困扰。

7. 鼓励同仁推介一些他们认识的人前来应征，有些公司会因此提供奖金作为酬劳。这种做法不但花费不多而且非常方便。

8. 要设法了解公司里是否有任何看不见的差别待遇。在英格兰有一家很大的工程公司被发现在招考员工时采用种族差别待遇，他们只录用公司员工的朋友，而且全是白人，这家公司在最后不得不改弦更张。

9. 招聘广告上应列明招聘条件，以筛除不适当人选，避免浪费时间。刊登求职广告要利用适当的媒体做工具。透过全国性报纸的求职栏和专业的高级人才代寻机构代为招聘，其费用都非常昂贵。如果能利用其他价格便宜又适当的途径，就不要通过那些昂贵的媒体。一般而言，贸易类出版品经常报道相关业界的消息，是寻求相关人才的最佳途径之一；此外，利用地方性报纸则能吸引具有地缘关系的人前来应征。

10. 人才征聘活动的成效要加以评估。评估的方法是依前来应征的人员的适合程度，而不是应征人数的多寡。当你正费劲地翻阅八百件应征者的来函资料时，好的人才可能已经被别家公司盯上了。

11. 职业介绍所和求职中心则水准参差不齐，水准高的会要求拜访公司并就人力需求的内容做一下了解，他们会处理整个甄选的审查工作，最后则只会送回少数几个代表者的资料而已。大部分的职业介绍机构都只会寄一些推荐函。

（四）招聘工作班子的形成

一些企业的招聘工作是委托专门的人才招聘机构提供有偿服务的，企业只需将所需的人才数量、专业、性别、年龄等告知招聘机构，该机构即可办理全部有关事宜。但有些企业的人才招聘是自己进行的，这就需要形成一个得力的工作班子——招聘小组或招聘委员会。招聘小组可以负责一般人才的招聘工作，在有些国家由人力资源管理部门负责人和人事心理学家组成即可；在另一些国家则可能由企业主要领导挂帅，吸收有关部门参加。如果是招聘企业经营者，则必须成立一个专门的招聘委员会。西方国家招聘委员会由董事会成员、人力资源管理部门负责人、人力资源心理学家组成；有些国家由企业主管部门的主要负责人，以及财政、税务、审计、银行、组织、人力资源管理部门的负责人、专家组成，并吸收企业工会、科技人员、员工代表参加。

1. 成立招聘组织或机构

招聘员工任务小的单位一般由企业人力资源管理部门具体承办，任务较重的一般都暂时组建招聘组织或招聘机构，专门负责组织和承办招聘事宜。招聘组织或机构一般由主管人力资源管理工作的企业负责人牵头，以人力资源管理部门为主，吸收有关部门和人员参加。招聘组织或机构负责招聘工作的全过程：申请招工指标，拟印、分发、宣传招聘简章，组织招聘考试或考核，考察筛选，张榜公布录取名单，办理录用手续等。

2. 申请招聘指标与确定招录对象

一些国家规定，用人单位应向人事劳动部门提出招工申请，经批准后方可进行招聘。同时，还要与劳动管理部门联系，力争将招工指标划到企业认为理想的地区。合理确定招录对象是提高招工质量的保证。企业应以政府有关的劳动人事政策为依据，在劳动行政部门的指导下，按照企业的需要来确定。随着社会变革的深入，大学、中专、技校毕业生必须适应社会发展的变化，为企业吸引人才创造了更好的条件。

3. 招聘简章

招聘简章是企业组织招聘工作的依据，因此是招聘工作的重要工作之一。它既是招工的告示，又是招工的宣传大纲。起草招工简章应本着既实事求是、又热情洋溢、富有吸引力的要求，尽量表现企业的优势与竞争力。

（1）招聘简章内容

①招工单位概况。

②工种或专业介绍。

③招工名额、对象、条件和地区范围。

④报名时间、地点、证件、费用。

⑤考试时间、地点。

⑥试用期、合同期以及录取后的各种待遇。

（2）制定招聘简章时的注意事项

①对于工作职位的条件和待遇，无论是好的方面还是不利的方面，都应对应聘者做真实的介绍，这样可使应聘者期望值比较符合实际情况，从而提高录用者对工作的满意程度。

②合理确定招聘条件。招聘条件是考核录用的依据，也是确定招聘对象与来源的重要依据。能否合理地确定招聘条件，关系到能否满足企业的需要，也关系到人力资源能否得到充分、合理的利用。如果招聘条件定得过高，脱离了人力资源供给的实际，势必难以招到或招满员工，企业需要的人力资源得不到及时补充；如果招聘条件定得过低，则不利于提高员工素质，不利于生产建设事业的发展。

③招聘简章的语言必须简洁清楚，另外，还要留有余地，使应聘者的人数比所需求的人数多一些。

（五）发布招聘信息

所谓发布招聘信息就是向可能应聘的人群传递企业将要招聘的信息。发布招聘信息是一项十分重要的工作，直接关系到招聘的质量。应引起有关方面充分重视。

1. 发布招聘信息的原则

（1）面广原则

发布招聘信息的面越广，接收到该信息的人越多，应聘的人也越多，这样可能招聘到合适人选的概率越大。

（2）及时原则

在条件许可的情况下，招聘信息应该尽量早地向人们发布，这样有利于缩短招聘进程，而且有利于使更多的人获取信息，使应聘人数增加。

（3）层次原则

招聘的人员都是处在社会的某一层次的，要根据招聘岗位的特点，向特定层次的人员发布招聘信息。例如，招聘科技人员的企业可以在科技报刊上刊登招聘广告。

2. 发布招聘信息的类型

发布招聘信息的类型又可称为发布招聘信息的渠道。信息发布的渠道有报纸、杂志、电视、电台、布告和新闻发布会。除以上主要渠道外，还有随意传播的发布形式。这是有关部门或有关人员用口头的、非正式的方式进行发布招聘信息的类型。

（六）填写申请表格

1. 申请表格

应招者报名后，即可在小组或委员会索取申请表格填写。申请表格的内容很广泛，从姓名、性别、年龄、家庭地址、婚姻状况、文化程度、工作经历、经济收入、家庭情况、业余爱好到胜任工作的能力。招聘者可以从申请表格中了解到许多材料，从一个求职者的经济和婚姻状况可以窥见其情绪是否稳定和责任性是否强，而业余爱好可能会隐约透露一个人的领导能力或者品格。根据这些线索可以在面谈中进一步询问有关情况。

作为获取求职者个人状况的初步文字材料，申请表格是非常重要的。申请表格中列入的项目应有所限制，以对招聘挑选工作有利为原则。有些企业把申请表格设计得面面俱到，冗长不堪，结果既浪费了应征者的时间，又使招聘者陷入一大堆材料之中。因此，许多人事心理学家对申请表格进行了追踪研究，把表格中的项目与任职后的称职情况联系起来测度，如果发现有很大的正相关，这个项目就可以很有把握地用来作为挑选人才的指标。

2. 种类

国外通常使用的申请表格有两种：加权申请表格和传记记录表。

（1）加权申请表格

申请表格中某一项与后来工作成功的相关性被确定后，就可给这一项打上具体权数。如一位人事心理学家为某公司分析和加权一张申请表格，发现如下表所示的关系。研究表明，80%的已婚求职者被他们的上司给予工作出色的评价，因此，一个已婚求职者的申请表格上这一项就打上 8 分；而未婚求职者这一项就打上 6 分，因该公司的未婚员工只有 60%的人得到工作出色的评价。加权表格的好处是可对应招人才进行定量分析、客观评分和打分，在招聘过程中避免个人偏见。

（2）传记记录表

传记记录表是近年来较流行的申请表格。研究发现，使用传记记录表对预测科学家、行政人员、中层管理人员、军官、推销员等方面的人才比较有效。

传记记录表通常较长，要求求职者填写十分详细的个人情况。这种详细调查的基本依据是，目前工作上的表现是与过去各种环境中的行为相联系的。传记记录表的每一项效度测定过程与加权申请表格基本相似，每一项都与工作表现的测度相互关联起来。

（七）收集信息

现在轮到决定使用实际收集数据的程序结构和内容这个难题了。这是把通过面谈、测验和调查表得到的单个的和简单的数据作为依据去收集详尽数据的过程。常用的方法有以下几种：

（1）仔细查看申请职位表、学历或其他资格、证明材料和机密报告。

（2）面谈。面对面地或由两个或更多人组成的面谈委员会。

（3）书面测验。可以是智力、能力倾向或兴趣测验，或试图衡量其他性格的测验。

（4）练习和实际测验。

（5）集体任务。应聘者参加无领导的集体（小组），或是有小组长或委员会主席的集体，测验其领导一个集体的工作能力。

有时还使用一些其他方法，包括笔迹分析、身体姿势分析，以及让受测验者对管理工作的压力所作出的反应的观察等。

（八）人员招聘的决策

1. 概念

广义的人力资源决策可以指有关人力资源开发与管理各方面的决策。主要包括：岗位定员决策、岗位定额决策、工资报酬决策、职务分类决策、员工培训决策、劳动保护决策、人员任免决策等等。狭义的人力资源决策就是指人员任免决策，也就是指决定让什么人从事哪一项工作。这里的人力资源决策是指狭义的含义。人力资源决策是员工招聘中的最后一环，也是十分重要的一环。如果以前几个步骤都正确无误，但是最终人力资源决策错了，企业依然招聘不到理想的员工。

2. 步骤

人力资源决策的基本步骤如下：

①对照招聘决策。

②参考测试结果。

③确定初步人选。

④查阅档案资料。
⑤进行体格检查。
⑥确定最终人选。

3. 结构图

通过管理人员挑选程序的最初阶段，得出制定工作规范的方针，并提供一个面谈记录格式的纲要。

第五节 人员的选聘

人是组织活动的关键资源。组织中的其他物力或财力资源需要通过人的积极组合和利用才能发挥效用。人在组织中的地位决定了人员配备在管理工作中的重要性。由于每一个具体的组织成员都是在一定的管理人员的领导和指挥下展开工作的，因此管理人员的选拔、培养和考评当为企业人力资源管理的核心。

（一）管理人员需要量的确定

制定管理人员选配和培训计划，首先需要确定组织目前和未来的管理人员需要量。一般来说，计算管理人员的需要量，要考虑下述几个因素：

1. 组织现有的规模、机构和岗位

管理人员的配备首先是为了指导和协调组织活动的展开，因此首先需要参照组织结构系统图，根据管理职位的数量和种类，来确定企业每年平均需要的管理人员数量。

2. 管理人员的流动率

不管组织作了何种努力，在一个存在劳动力市场且市场机制发挥作用的国度，总会出现组织内部管理人员外流的现象。此外，由于自然力的作用，组织中现有的管理队伍会因病老残退而减少。确定未来的管理人员需要量，要有计划对这些自然或非自然的管理人员减员进行补充。

3. 组织发展的需要

随着组织规模的不断发展，活动内容的日益复杂，管理工作量将会不断扩大，从而对管理人员的需要也会不断增加。因此，计划组织未来的管理人员队伍，还需预测和评估组织发展与业务扩充的要求。

综合考虑上述几种因素，便可大致确定未来若干年内组织需要的管理人员数量，从而为管理人员的选聘和培养提供依据。

（二）管理人员应具备的知识

1. 基本理论知识

指管理者应具备的关于哲学、政治学、经济学方面的知识。掌握这些知识，是正确地理解与掌握政府的方针政策的前提。

2. 文化科学基础知识

指作为管理者应具备的必要的语言、文学、历史、地理、数学、物理、化学、天文、生物、美学、社会科学、逻辑学等基础科学的知识。它们是形成一般的能力的基础。

3. 专业科技知识

指与管理或组织的目标任务相关的科学和技术知识。特别是专业知识管理者，可以不是专家，但必须是内行，外行领导内行是注定要失败的。

4. 管理科学知识

指管理者通过学习管理学所掌握的专门的管理科学知识。管理科学的范围十分广泛，除了管理学原理之外，还包括许多专门的管理理论，如管理心理学、组织行为学、人事管理学、领导科学、人才学等等，都是当代广义的管理学的内容。当然，管理者应结合自己的工作性质，侧重掌握几门相关的管理学知识。

一个管理者要掌握必备的知识，必须靠平时的日积月累。活到老、学到老应是一个管理者学习的座右铭。对于一个管理者来说，通过脱产学习来丰富知识和提高水平是必要的。但这种机会总是有限的，最重要的是要靠管理者自觉地努力学习，扩大知识面，提高管理水平。

此外，管理者在学习过程中，应注意形成合理的知识结构。管理者是在为从事管理工作，提高管理能力学习各种必要的知识，不是为了在某一领域从事理论研究，这就要注意各种知识的比例性。形成什么样的知识结构最为合理呢？主要视管理者的工作性质而定。高层管理者知识面要广，所学的知识应尽可能多样丰富，所掌握的软科学方面的知识要广、要多；基层管理者则要求专业知识达到一定的深度。

（三）管理人员应具备的能力

管理学理论认为，一个合格的管理者应具备以下几个方面的能力：

1. 抽象思维能力

抽象思维能力又称观念能力，指管理者对管理活动及其相关关系进行分析、判断和概括的能力。管理者只有认清了事物发展的规律，才能提高管理效率；管理者只有在复杂的事物中能透过现象看本质，能在众多的矛盾中抓住决定事物性质和发展进程的主要矛盾和次要方面，能够运用逻辑思维方法，进行有效的归纳、概括、判断和表达，运用演绎和推理，举一反三，触类旁通，找出解决问题的办法，才能完成管理的目标任务。所以说，抽象思维能力是管理者的基本能力。

2. 决策能力

决策能力指管理者在众多的方案中做出正确选择，并使所选方案得以顺利贯彻实施的能力。管理者的基本职能就是决策。一个合格的管理者，必须具有较强的决策能力。正确的决策不能靠碰运气，需提高自己的决策能力。管理者除了要掌握必要的决策理论知识外，还要注意：①重视信息，善于思考分析；②深谋远虑，要站得高，看得远；③广集人智，善于运用参谋、智囊集团；④方法科学，要按照科学决策的程序和方法决策，提高决策的正确性。

3. 组织能力

指组织人力、物力、财力资源实施决策的能力，包括人事安排、分权授权、资源配置、指挥协调、计划控制等。

4. 人际关系能力

处理人际关系的能力指管理必须具备的与上、下级和同级沟通、协调组织内外部各种关系的能力。管理者应能倾听各方面的意见，善于与组织内外的人员交往，沟通各方面的关系。对上级，能够争取帮助和支持；对下级，能够做到尊重、鼓励和信任，调动下级的积极性；对外，能够做到热情、公平、客观地对待一切人和事物；对内，要谦虚谨慎，有自知之明，能检点、约束自己。

5. 用人能力

管理的最重要的对象是人，实现管理目标的根本途径就是要充分调动人的积极性，所以作为一个合格的管理者，必须具备高超的用人能力。管理者要能够识别人才和发现人才，敢于提拔和使用人才，使自己的下级人尽其才，使各种人才相互合理搭配，充分发挥每一个人的长处和能力。能做到这一点，管理必然是高效率的。

6. 创新能力

管理的艺术性表明管理活动是一种创新性活动。管理者必须具有一定的革命性、创造性意识，能够在管理中不断地创新。一个合格的管理者，应能在实践中不断地进行总结，及时发现问题。

二、管理人员的选聘程序和方法

（一）发布招聘信息

当组织中出现需要填补的管理职位时，应根据职位所在的管理层次，建立相应的选聘工作委员会或小组。工作小组既可是组织中现有的人力资源管理部门，也可是由各方面代表组成的专门或临时性机构。

选聘工作机构要以相应的方式，通过适当的媒介，公布待聘职务的数量、性质以及对候选人的要求等信息，向企业内外公开"招标"，鼓励那些自认为符合条件的候选人应聘。

公开招聘是向组织内外公布招聘信息。半公开招聘是只对组织内部公布补充空缺位置的信息。内部选拔一般由人力资源管理部门主持，公开招聘可由人力资源管理部门负责全部工作，也可为此成立临时性的机构。选聘工作机构应通过适当的媒介，公布待聘职务的数量、待聘职务要求的条件、给予聘用者的待遇、报名时间等信息，达到广开"才源"的目的。

（二）初选

1. 对报名应聘者进行初步资格审查

对内部选拔人员，可根据日常对重点培养对象和管理人员的工作的业绩考核档案，由人力资源管理部门和领导初步决定候选人。外部招聘的，要根据回收的应聘者填写的表格资料进行资格审查，初步认定合乎招聘条件的候选人。

2. 面谈

这是一种直观的初步鉴定评价人员的形式。根据人力资源管理部门设定的谈话范围，目测候选人的仪表、举止、言谈，初步了解其语言表达能力、逻辑思维和思维敏捷的程度，以及知识的广度和对问题认识的深度。面谈可以比较直观地接触了解对方，形成初步印象。但需注意不要由第一印象产生偏见。

（三）对初选合格者的测定和考核

对初选合格者可以通过测验、竞聘演讲和答辩，以及实际能力考核等不同形式来测定和考核其综合素质。

1. 测验

这是通过考试和测试的方法评价候选人的智力、专业技术、适应性等基本水平和能力。

（1）智力测验。智力测验目的是衡量候选人的思维能力、记忆力、思想的灵敏度和观察复杂事物的能力等，以便日后委以更适当的工作。

（2）对受聘者必备条件的测试。必备条件包括承担某项工作的人员应具备的知识、必备经验和必备技能。必备知识指应具备的文化知识和专业技术知识，这是工作人员必备条件的基础；必备经验是应具备的实际经验和操作能力，是必备条件的中心；必备技能是在上述两方面的基础上，特定工作环节的工作人员应具备的应变能力、创造革新能力和综合处理能力。

2. 竞聘演讲与答辩

这是知识与智力测验的补充。测验可能不足以完全反映一个人的基本素质，更不能表明一个人运用知识和智力的能力。发表竞聘演讲，介绍自己任职后的计划和打算，并就选聘工作人员或与会人员的提问进行答辩，可以为候选人提供充分展示才华、自我表现的机会。

3. 案例分析与候选人实际能力考核

竞聘演说使每个应聘者介绍自己"准备怎么干",使每个人表明自己"知道如何干"。但是"知道干什么或怎么干"与"实际干什么或会怎么干"不是一回事。因此,在竞聘演说与答辩以后,还需对每个候选人的实际操作能力进行分析。测试和评估候选人分析问题和解决问题的能力,可借助"情景模拟"或称"案例分析"的方法。这种方法是将候选人置于一个模拟的工作情景中,运用多种评价技术来观测考察他的工作能力和应变能力,以判断他是否符合某项工作的要求。

(四)信息交流

在招聘和挑选工作中,应注意充分交流信息。交流信息有两个方面:企业向求职者提供有关公司和职位的情况,求职者向企业提供有关他们自己工作能力的情况。

某些企业和单位力图树立一个好的形象,强调个人得到发展和培养的机会,突出潜在的挑战,并指出提升的可能性。他们也会提供关于工资、福利待遇和工作岗位可靠程度的情况。这也可能做得过分,引起求职者不现实的向往。从长远看,这一做法可能有不好的副作用,人们容易对工作不满,人员大量流动或产生无法实现的梦想。当然,企业应该介绍自己有吸引力的好的方面,但应该实事求是地谈论机会的问题,并指出工作的局限性,甚至不利的方面。

另一方面,管理部门应该启发应聘者客观地显示他们的知识、才能、能力、天赋、动机以及过去的业绩。要了解这些情况,有很多方法和手段,我们将在以后进一步论述。自然,收集应聘者的材料可能走得太远,侵犯了应聘者的隐私。应聘人选只能忍受一定程度的面试、测评和公开个人情况。显然,管理者必须懂得克制,只询问对工作必要的和与工作有关的情况。

(五)选定管理人员

挑选管理者是从人选中选出一个最符合职位要求的人。挑选可能是为补充一个特定的空缺职位,也可能是为今后管理人员的需要。因此,我们可以区别使用补充组织职位的挑选方法或是安置方法。用挑选方法时,招聘申请人来补充需要相当特殊条件的职位;用安置方法时,对个人的优缺点加以评估,为他找到合适的职位或甚至专门设计一个新的职位。

提升是在本单位范围内从前任职位调到需要更多才能、担负更大责任的职位上去。一般伴之而来的是更高的地位和更多的工资。提升可能是对工作表现突出的报偿,也可能是企业为了更好地使用个人的才能和能力。前文论述挑选的各个方面,一般也可应用于提升。

挑选时还有许多重要的因素要考虑。正如我们先前提出的,管理职位需要有技术上、概念上与人工作以及解决问题等方面的才能。因为一个人不可能具备全部所需要的能力,可能要挑选其他人来弥补其不足之处。例如,一个具有卓越的概念才能和设计才能的高级管理人员，可能需要得到有技术才能的人帮助。同样，一个具有较多营销和财务经历的管理人员，可能需要有一位经营方面的专家来帮助。

挑选管理人员时还必须考虑年龄问题。经常会发现公司内所有副总经理和中层管理人员都在同一年龄段的情况。这样就会产生几位在差不多层次的管理人员同时退休的情况。然而挑选人员时，不得非法地在年龄方面予以歧视。有计划地对劳动力进行规划，可以在组织结构范围内合理地分配不同年龄段的管理人员。

第七章 人力资源战略与规划的制订和实施

第一节 人力资源战略的形成模式

企业战略的核心问题之一是战略的形成。战略的形成有两种途径，一种是理性规划法，另一种是循序渐进法。根据理性规划法的观点来看，战略是（或至少是）在正式和理性的决策程序基础上形成的；而循序渐进法认为，战略的形成过程体现为高度的非正式性，其根据是组织内外部的政策。虽然很多实践者赞成战略是正式和理性的规划过程，但很多人也逐渐接受了非正式的战略规划过程，理性决策更多的是遵循循序渐进的逻辑和系统化的过程这一观点。在本节我们力图将这两种形成模式整合起来，缩小两种方式间的差距。

一、战略形成的理性规划法

早期人力资源战略形成的规划模式与人事规划模式相比，存在一些关键差异，主要体现在：1.规划过程中提出的问题；2.规划的参考标准。人事规划模式是在企业规划基础上预测人力资源的需求，并根据组织内部的供应分析调整这些需求，其关注的最根本的问题是供应组织所需要的技能、组织内部的人事流动以及组织各层级的人员配置等。而早期的人力资源战略形成模式将组织的长期需求，以及广泛的人力资源相关问题如柔性运营、员工竞争力、士气及承诺等统筹考虑，即在组织战略和人力资源战略之间是一种单向的关系，与其他职能单位，如财务或市场部门的专项战略一样，人力资源战略主要建立在组织战略的基础上，并能够反应组织今后的需求。

最近有人提出人力资源形成的 5P 模式，即所谓理念、政策、方案、实践、过程。当然这一模式的核心仍然是人力资源战略应建立在组织战略基础上。组织的外部环境（如经济、市场、政治、社会文化、人口）、内部环境（如组织文化、现金流、技术）都会决定组织的战略需求并改变其形成战略的方式。在对上述因素分析之后，最高管理层制订全面的组织使命，明确关键性的目标，说明管理方案及程序，以帮助组织实现战略目标。这些目标、方案以及政策当然成为人力资源战略的一部分。因此，这一模式同样强调组织战略与人力资源战略之间存在紧密联系,后者与前者是一体的。

虽然很多研究证实人力资源战略往往是在组织战略基础上形成的,但是在从20世纪80年代中期开始,有些研究者提出组织战略也应考虑到不同职能部门的特殊限制。他们认为,人力资源职能在形成组织战略使命中起到了非常重要的作用,当然其自身也是公司战略的重要组成部分。其原因在于组织使命同时被定义为环境职能(即技术、经济、人口等)和文化因素(即价值、信念、理念等),而人力资源部门作为组织单位,其职能就是跟踪上述因素的变化,公司层次的战略形成不可能没有人力资源的投入。进一步说,组织战略也是建立在组织内部分析和外部观察所获得的信息基础之上的。人力资源对组织战略的形成有其额外贡献。换言之,虽然人力资源部门不会对组织战略形成起到直接的影响作用,但是其他的职能部门也有能力影响公司层次战略形成的信息。

二、战略形成的循序渐进法

1. 战略形成的相互作用法

在早期对人力资源战略形成的描述性研究中,戴尔(Dyer,1984)的结论是组织战略和人力资源战略相互作用,组织在整合两种战略的过程中要求从人力资源角度对计划的灵活性、可行性及成本进行评估,并要求人力资源系统开发自己的战略以应对那些由于采取计划而面临的人力资源方面的新挑战。

近年来,泰勒、比奇勒和内皮尔(Taylor,Beechler&Napier,1996)运用资源依赖理论来解释战略形成过程中交叉作用的性质。他们认为,相互作用的程度取决于(1)系统以部门战略设计的组织导向(高度集中、分权或学习型);(2)被公司最高管理层视为成功执行组织战略的关键性内部系统资源交易的性质;(3)系统领导者的能力。卡佩利和辛格(Capelli&Singh,1992)提出,人力资源战略与组织战略必然结盟;甚至人力资源战略还可能在某种程度上主导组织战略。他们认为,正是有技能的员工创造了后工业化的组织,这意味着竞争优势来自企业本身,即具体的、难以模仿的有价值的资源,人力资源管理的战略意义就是人力资源管理人员通过对公司员工有价值的、不可转移的技能开发,体现出人力资源对组织持久绩效的可能影响。人力资源战略对组织战略的作用主要体现在:(1)系统—部门的分权化导向;(2)公司最高管理层将人力资源系统视为获得竞争优势的主要基础;(3)人力资源系统的管理者被视为非常有能力的人。上述的资源依赖理论是建立在交换、协商以及政治利益基础之上的。因此对人力资源战略形成过程的性质和结果的预测仅在某种程度上是可行的,即对那些有着共同利益的权力和独立关系有着全面的了解。

2. 战略形成的决定法

人力资源战略直接或间接地（通过组织战略）受环境因素影响，而环境因素是由人力资源系统的决策者来识别、诠释、分析并执行的。有些研究人员认为管理人员的作用在人力资源战略形成过程中应受到更多的限制。例如，在调查合法性及获得监督部门（政府部门、行业协会）的许可时，组织可能不考虑整体的组织战略而采用一般性的人力资源战略。因此从法律的观点来说，如果人力资源战略的组成要素有利于确保组织的稳定和生存，尽管与组织的战略利益密不可分，人力资源战略要素仍然有可能被放弃。正如赖特和麦克马翰（Wright&McMahan，1992）所说，"并非所有的事情都是必要的，并非所有的成绩都是主动决策过程的结果"。近年来，对国际人力资源战略的研究支持这样的观点，预测监督者的行为对人力资源战略的形成也起到重要的作用。例如，汉农、黄和舒勒（Hannon，Huang&Schuler，1997）发现，美国企业更倾向于技术性人力资源管理，而不是战略性人力资源管理，其原因在于主要的外部监督者（如政府部门的平等就业委员会）的要求和规定改变了管理行为并为专业性的人力资源培训与评估创造了条件。因此他们认为应按照法规要求组建人力资源系统，塑造人力资源经理的专业技能等。外部的法律压力显然对运用到人力资源系统中的战略方法起到了限制作用。赵智文（2006）在对跨国企业海外子公司人力资源管理战略选择模型的研究中指出，当环境不确定、文化差异越高时，跨国企业子公司越倾向采用"当地回应"的国际人力资源管理战略，以取得更好的经营绩效。

人口生态学家也认为管理并没有在战略形成中起到很大的作用。组织绩效和生存在很大程度上取决于组织存在的环境的性质、环境特征，如人口密度和环境稳定与否，战略能更好地解释组织的选择。尽管大多数学者批评人口生态学派过于看低战略方向对于组织的价值，他们仍然坚持认为，结构的相关性（即员工协同作用，向组织提供关键性结构惯性资源）在很大程度上对企业的生存至关重要，企业人力资源战略的制订同样也是组织战略和组织生存的重要决定因素，不是人力资源系统去适应产品周期或企业战略，组织应在生命周期的早期就设计人力资源技巧去加强结构惯性，并通过这种方式增加组织的生存机会。他们的发现说明：组织从早期就开始重视建立强势的、关联的员工队伍以增加组织的生存机会。人力资源战略的任何变化都有可能削弱企业关联性，从而影响企业生存。

总之，经理们在 HRSPR 构架的形成中具有一定的控制力，班伯格和菲根鲍姆（Bamberger&Fiegenbaum，1996）提出管理控制经常是受到限制的，综合考虑了组织决定论观点，强调组织的微观政治环境是理性规划过程的限制条件。

虽然人力资源战略参考点构架影响了所采取的人力资源战略的措施，但与企业现状相关的战略参考点会调节这一影响。也就是说，人力资源战略参考点构架会影响战略选择的性质，影响方式依战略决策者认为系统在战略参考点之上或之下的程度而定。如果人力资源系统在参考点之上，更有可能把新问题、新状况视为危机从而做出反应

（选择新的更有斗志的工会领导），将因采取保守性和防护性政策措施（对劳资关系采取传统的对抗方式）而导致的潜在损失最小化。相反，如果人力资源系统在参考点之下，最好把新问题和新情况当成一种机遇，采取更大胆的措施利用这一机遇。在这种情况下，工会领导权的复杂变换会鼓励人力资源决策者挑战现有的思维方式，采用更有创新性的劳资合作计划。

因此，人力资源系统相对于主要参考点的位置关系左右了人力资源决策者的意愿，并对他们的思维方式进行挑战，推动他们采用更大胆的人力资源战略。但这并不意味着人力资源系统在主要参考点之上的企业无须在已有的基础上改进，因为环境中始终存在不确定性，甚至人力资源决策者最好在现有基础上采取渐进的方式，而不是采取与跟过去截然不同的方式。如果人力资源系统不得不面对新环境和新问题，人力资源决策者最好采取保守一点的态度，遵循已经证实过的方式。

第二节　人力资源战略的制订

一般来说，制订人力资源战略的基本过程与其他职能战略的基本步骤类似，包括分析企业内外部环境、识别关键问题、选择合适的人力资源战略、拟订备选方案等步骤，下面将详细论述。

一、分析企业的内外部环境

环境分析是制订人力资源战略的第一步。进行环境分析不仅要关注企业人力资源管理的现状，更为重要的是考察并获取可能对企业未来绩效发生影响的内外部变化信息。企业应该定期或者不定期地跟踪扫描内外部环境变化，识别可能影响人力资源和企业发展的潜在问题。审视分析企业的内外部环境，需要识别一些企业未来可能发生的情况（例如，企业以当前的增长速度持续成长，或者企业利润跌破行业平均水平致使企业发生负成长等），分析企业战略和竞争战略的导向，从而为制订人力资源战略奠定基础。

二、识别关键问题

根据前面所做的环境分析，确定目前企业应该解决哪些战略高度的人力资源管理问题。例如，由于企业发展中出现的全球化、顾客导向、文化变革、公司并购、多元化经营、分销渠道创新等问题，相应的人力资源问题可能是人才吸引与保留、人力资源结构优化、人才队伍建设、员工福利待遇和满意度提升等。

识别关键问题是为了明确人力资源战略的重点，它是构建人力资源战略目标的基础。关键问题来自企业经营管理过程，解决关键问题能够从根本上保证人力资源战略对企业战略的支持度。

三、选择合适的人力资源战略

目前，已经有一些成熟的人力资源战略分类得到了广泛认可。例如，根据人力资源战略重点，将人力资源战略划分为吸引战略、投资战略和参与战略；而从获取人力资源的角度，又可将人力资源战略分为完全外部获取战略、混合获取战略和完全内部获取战略。通过 SWOT 分析，将人力资源管理工作面临的内外部环境因素分为优势、劣势、机会、威胁四大类，企业可以从发挥优势、避免劣势、创造机会、减少威胁的角度出发，选择一种或者多种成熟的人力资源战略，作为制订本企业人力资源战略的基础。

四、拟订备选方案

在选择了人力资源战略类型的基础上，根据企业具体情况，提出有企业特色的战略措施，拟订备选的人力资源战略方案。人力资源战略方案编制的核心内容包括指导思想、战略目标和战略措施。

五、选择最终战略方案

在多个人力资源战略备选方案中进行选择时，可以采用关键因素评价矩阵方法。采取赋分值的办法，以备选方案和关键影响因素的契合程度为依据，对方案进行评分。评分标准为：非常契合计 4 分、契合计 3 分、不契合计 2 分、矛盾计 1 分，并根据每个影响因素的重要程度，给每个因素赋予权重，权重与评分的乘积，即该备选方案与这一因素的契合得分，总分最高的备选方案即最可行的备选方案。

通过以上程序，一个完整的人力资源战略就形成了。应该注意的是，由于企业的实际情况受多方面因素的制约，因此，一个有效的人力资源战略要综合不同方面的因素来建立，并且并非一成不变。制订过程也应该根据企业情况灵活把握，决不能生搬硬套。另外，人力资源战略主要是提出了企业总体的人力资源管理思想和目标，在实际工作中，还需要相应的人力资源规划来落实人力资源战略。

第三节 人力资源部门参与企业战略制订

一、人力资源部门的角色转变和要求

（一）角色转变的背景

1. 多变的环境迫切要求企业战略与人力资源战略的互动与调整

21世纪，全球经济趋于一体化、信息技术飞速发展、国内外市场竞争日益加剧使得企业面临的生存与发展环境呈现出多变性和复杂性。企业要获得可持续发展，必须使企业战略与外部环境保持一种高度的适应和动态的调整。人力资源作为企业最核心、最宝贵的资源，其功能的显现和地位的提升使得人力资源部门成为企业战略决策中具有决定意义的部门。要保证企业的战略决策与调整及时有效，人力资源部门和管理者具有不可替代的作用。

2. 企业经营管理对人力资源部门职能要求的提升

企业的经营管理说到底是资源的争夺、重新配置和合理利用。当今时代，在企业的众多资源中，"人"作为一种最具价值的资源，其重要性越来越引起企业的重视，任何企业的发展都离不开优秀的人力资源和人力资源的有效配置。因此，如何更快、更有效地为企业寻找人才，留住人才，开发人才，为企业保持强劲的生命力和竞争力提供有力的人力资源支持，成为人力资源部门］所面临的重要课题。

在这种背景下，企业人力资源部门必须面对企业存在的问题、发展方向、面临的挑战和机遇有深刻的了解和认识，必须及时地为企业各相关业务职能部门提供有效的人力资源协助。

一个企业的人力资源战略作为企业总体发展战略的重要组成部分，对总体战略的实施起着巨大的支持和推动作用。因此，企业的人力资源部门要具备制订企业人力资源战略的能力。企业人力资源战略的制订，必须以企业总体的发展战略为指导，以远景规划目标为方向。

3. 实践要求人力资源部门更多地参与到企业战略与管理运作的过程中

在大部分的企业中，人力资源经理往往将自己大部分的精力放在行政事务上，在人力资源的战略与规划、人力资源的开发与管理咨询等方面投入的时间很少，这与人力资源管理发展趋势的要求有很大的差距。

如今企业经营运作的发展实践，要求人力资源部门要尽早改变只是被动地执行命令的状况，而是要在企业的发展战略与经营管理运作中积极地提出建设性的意见，在

企业经营目标的背景下思考和研究问题,充分了解企业的经营状况以及影响企业业绩的原因,在公司的高层会议上,能从人力资源的角度提出提高公司业绩的建议,使企业人力资源工作成为公司战略目标实现的主要力量。

(二)成为企业战略合作伙伴的要求

人力资源部门要成为企业的战略合作伙伴,需要实现以下三个方面的转变:

1. 主动性

与以往被动地执行命令不同,作为战略合作伙伴的人力资源部门更多的是在当企业发生变化时,敏锐地察觉到这些变化对人力资源管理产生的影响,主动地制定相关政策和制度以支撑和影响企业的发展。

2. 战略性

人力资源部门要关注企业人力资源实践与战略目标的有机结合,根据战略目标对员工进行全方位的开发与管理。

3. 前瞻性

人力资源部门要用前瞻的、长期的、全局的视角来思考问题,根据环境的变化和企业的发展趋势,确定目前和未来人力资源工作的方向和重点。

人力资源部门为了实现以上转变,就需要了解企业的经营目标,多方位了解企业使命、价值观、企业文化和企业职能、产品、生产、销售等各个运作环节的内容和变化,并围绕企业目标实现来涉及对员工的基本技能和知识、态度的要求,深入企业的各个环节来调动和开发人的潜能。

二、人力资源管理者的角色转变和要求

(一)人力资源管理者的四个角色

人力资源管理者要想真正成为企业的战略合作伙伴,必须胜任以下四种角色:

1. 公司整体战略的制订者

人力资源管理者要为战略制订和执行中所有有关人力资本的问题提供解决方案,通过人力资源的有效管理,帮助公司持续获得竞争优势。

2. 行政管理专家

人力资源管理者要不断开发设计高效率的人力资源操作系统,并将其优化为人力资源的服务过程。如提供更加有效的招聘选拔工具、配合企业战略设计培训和发展系统、建立新的绩效考核评价体系等。

3. 员工激励者

人力资源管理者要充分地了解员工的各种需求,不断提高员工对企业的忠诚度,激发员工的潜能,在战略实践的过程中将员工的个人职业发展和企业的成长与发展结

合起来。

4. 变革推动者

人力资源管理者要在不断变化的企业经营环境中预测问题、诊断问题、分析问题、解决问题。企业发展战略的变化必然会对人力资源的管理提出新的要求，人力资源管理者不仅需要对新的问题提出新的解决方法，同时还要最大限度确保员工在变革过程中对企业战略变化的认同和对企业的忠诚，提高员工的满意度。

总之，人力资源管理者作为企业各部门的战略合作伙伴，就是要参与到各项业务的发展中去，通过人力资源战略与规划的制订和实施，推动变革、引导学习、塑造企业文化，促进企业的持续发展。

（二）人力资源管理者成为战略合作伙伴的要求

人力资源管理者要成为企业的战略合作伙伴，需要开展以下方面的工作：

1. 提高能力

员工、团队和企业的能力与企业的绩效紧密相关，人力资源经理应从持续提高个人和企业的能力入手，积极推动企业发展战略的实施。对于员工个人，可以通过培训、辅导等方式培养学习型员工；对于团队，可以通过组织沟通、知识分享来创建协作型团队；对于企业，可通过制度创新、知识管理来创建学习型企业。

2. 提供机会

个人或集体能力的发挥，还有赖于是否有合适的机会。人力资源经理的一个重要职责就是提供机会。例如，通过技能培训、在岗实践、职位晋升或轮换、充分授权等，给予员工充分展示的机会，来提高员工绩效和企业绩效。

3. 设计激励

组织或员工能力的发挥程度和绩效的实现与否，与是否受到激励以及激励的强度密切相关。企业中常见的激励手段包括绩效管理体系、薪酬福利体系和员工职业生涯规划等。

4. 创造环境

良好的环境会直接促进企业发展战略的实现，人力资源经理的职责之一即为员工创造优越的工作环境。可以通过倡导领导艺术与团队合作来建立融洽的上下级关系及同事关系；通过企业文化建设来增强凝聚力和向心力；尊重个人，以人为本；逐步改善办公条件等。

5. 流程优化

环境的变化、市场的竞争，要求人力资源经理时刻关注企业流程的优化，提高运营效率。通过组织扁平化、充分授权、系统化、网络化等方式，使企业更加重视市场、关注客户，更有信心迎接挑战。

6. 推动变革

变革是一个永恒的主题，认识、推动、引导变革也是人力资源经理永恒的使命。人力资源经理应充分认识到变革的需求、环境，来推动员工的行为和思想，并创造出新的技术、新的产品和新的企业。

第四节　人力资源战略与规划的制订和实施步骤

一、环境评估

人力资源战略与规划作为企业规划的一个重要环节，必然受到企业所处经营环境的影响。而企业经营环境一般可从内外两个方面分析。对于内部环境，应评估企业员工数量、员工素质、培训制度体系等。一般情况下，企业可以借助人力资源档案中对每个员工的基本资料、工作经验、受教育程度以及其他特殊信息的记录来分析评估；而对于外部环境，主要包括经济发展、人口政策、教育政策、科技发展等对未来劳动力市场构成影响的若干因素。

二、设定目标与战略

人力资源的目标与战略的设计应以企业未来的整体目标与战略为蓝本，并配合企业目标与战略的实现。目标可以分为近期、中期和远期目标，目标之间相互连贯配合。某些企业的目标实质上也就是人力资源战略与规划的目标，例如降低员工流动率可能包括在企业整体目标之中，同时也是人力资源战略与规划的目标之一。组织的目标一旦设定，就要提出实现此目标体系的一系列可行性战略，即选择企业战略，以及与之相协调的人力资源战略。

三、拟订行动方案

人力资源战略与规划的最终目的是通过人员管理获得和保持企业竞争优势的机会。随着组织所处的环境、企业战略与战术计划、组织目前的工作结构与员工的工作行为的变化，人力资源战略与规划的目标也在不断变化。因此，制订人力资源战略与规划不仅要了解现实的情况，更要认清人力资源的潜力和问题。人力资源战略与规划方案的拟订可以分成以下三个阶段：

1. 调查分析准备

在收集制订人力资源战略与规划所需要的信息时，首先，要把握影响企业战略目标的宏观环境和行业环境；其次，可以利用企业的人员档案资料来评估目前的人力资源技术、能力、潜力，并分析目前这些人力资源的利用情况；最后，对于外在的人力资源环境，如劳动力市场结构、市场供给与需求状况、人口与教育的社会状况、劳动力择业心理等有关影响因素，需要做专门的深入调查分析。需要特别指出的是，在这一阶段，组织内外人员流动的状况需要做特别的分析。人员流动可分为组织内流动和组织内外流动两大类，其中组织内外流动包括各种形式的离职、招聘。由于员工离职的不确定性较大，因此离职信息难以准确把握，这给人力资源供需预测带来了不确定性。

2. 供给和需求的预测

进行供给和需求的预测阶段是人力资源战略与规划中较具技术性的部分。在所收集的人力资源信息基础上，对人力资源的供给和需求进行预测。预测可采用主观经验判断和各种统计方法及预测模型，并与所实践或假定的人力资源政策相关，它对组织的管理风格和传统往往会产生重大影响。

3. 规划的制订

通常，企业首先根据人力资源战略制订总体规划，再制订各项具体的业务计划以及相应的人事政策，以便各部门贯彻执行。人力资源战略与规划的制订要保持各项计划和政策的一致性，确保通过计划的实施使人力资源战略与规划的目标得以实现。

四、战略与规划的实施阶段

一旦人力资源战略与规划方案通过可行性评估得以确立，就应在组织中推行，并对其成效加以评估和控制，将结果反馈到人力资源管理部门以便得到进一步修正。方案执行阶段的关键问题在于，必须有实现既定目标的组织保证。人力资源战略与规划的实施过程中，应当做到有明确的人员进行跟踪和反馈，以确保人力资源战略与规划的实施过程是可控的，而且可以按照实际情况做出必要的调整和修改。除分派负责执行的具体人员外，还要保证实现这些目标所需的必要权利和资源。

五、战略与规划的评估和反馈

人力资源战略与规划是一个长久持续的动态过程，它具有滚动的性质。组织将人力资源的总规划和各项业务计划付诸实施后，要根据实施的结果进行评估，并及时对评估结果进行反馈，以修正人力资源战略与规划。

对人力资源战略与规划的反馈与评估可以采用定期报告执行进展的形式。通过定期的报告和检查，可以确保所有的方案都能够在既定的时间里执行到位，并且方案执行的初期成效与预测的情况是一致的。有些企业只重视人力资源战略与规划的制订与实施，而忽视人力资源战略与规划的评估工作，这可能导致人力资源战略与规划流于形式，最终导致战略目标无法实现。对人力资源战略与规划的实施结果进行评估可以明确规划的有效性，了解问题所在，促使战略与规划更好地得以落实。

第五节 人力资源战略与规划的主要内容

一、人力资源总体战略与规划

人力资源总体规划包括人力资源环境分析、供求预测存量统计报告、人力资源战略、人力资源管理总体思路等。

二、人力资源子战略与规划

（一）工作分析

工作分析即对组织中各项工作的内容、责任、性质以及从事此项工作的员工所应具备的基本条件（包括知识、能力、责任感）加以研究、分析的过程，是实现科学化人力资源管理的基础，并为组织进行人力资源的使用及配置、职务的升降、绩效考核、培训、合理的薪酬体系提供依据。

（二）招聘规划

适应实现组织与员工个人发展目标的需要，依据5W1H分别拟订计划，并安排培训课程、编制预算。招聘规划包括环境和现状分析、招聘目标和方略、招聘方案、招聘预算等。

人力资源招聘从组织战略目标实现的需求开始，也要以组织战略任务的有效完成结束。在做出录用决策时，首先要考虑的因素是应聘者成为组织正式成员之后，对落实组织战略目标、完成组织战略任务的贡献有多大。虽然出于储备人才的目的，可能会录用贡献小、潜力大的员工，但在战略竞争的压力下，引进为战略所用的人才是当务之急。

实施不同战略或发展到不同阶段的组织，在做出录用决策时，一般会有不同的考虑。实施收缩战略的组织，重点在提高运营效率，很少会大规模变动技术、结构或工艺，人力资源管理的重点在于更好地利用现有员工的价值，而不是引进更高层次的人才。重要的工作是培训现有员工，不断提高绩效水平。即使有招聘，一般也仅限于初级岗位。与此相反，实施扩张战略的组织，急需具有技术创新能力和市场开拓能力的高层次人才，录用决策自然要依据创新和开拓这两项战略能力。

从招募人才的信息中也可以获知组织战略目标的新变化。例如，同济大学曾面向全球公开招聘七位院长，这七个学院是医学院、生命科学与技术学院、材料科学与工程学院、法政学院、机械工程学院、外国语学院、传播与艺术学院。我们且不论招聘的可行性和现实性如何，这一举动确实传达了"全面建设世界一流大学"的信息。此外，还获得了广告效应。

（三）培训规划

企业的人力资源培训规划主要指对企业组织内培训的战略规划，该培训规划必须密切结合企业战略，从企业的人力资源规划和开发战略出发，满足组织及员工两方面的要求，考虑企业资源条件与员工素质基础，考虑人才培养的超前性及培训效果的不确定性，确定职工培训的目标，选择培训内容及培训方式。为了完成有效的人员培训，合理而健全的培训体系是必不可少的。一般组织中的培训系统模式包括：培训需求分析—制订培训计划—实施培训—培训评估。培训需求分析是培训工作的首要问题，主要是了解组织的培训出于何种目的及需求要素如何等，一般是从组织、工作及人员三个方面进行分析。培训计划是人力资源管理部门在对培训需求进行评估之后制订的一整套设计，依据5W1H分别拟订计划，并安排培训课程、编制预算，培训规划包括环境和现状分析、培训目标和方略、培训方案、培训预算等。

（四）配置规划

因事设人，而非因人设事，达到人—事的最佳匹配。包括环境和现状分析、配置目标和方略、配置方案等。

任何企业的发展都离不开优秀的人力资源和人力资源的有效配置。人力资源的配置规划一般包括以下内容：

1. 职前训练。一般情况下，新员工刚进入组织的时候，往往会因环境陌生而有心里紧张的感觉，以致无法正常发挥其原有的工作能力。因此，职前训练内容因工作内容、训练对象的学历程度及要求而有所不同，但其训练的目的均为使新员工适应公司环境。

2. 试用。试用的目的一方面在于使主管了解新员工的工作能力、潜力、工作态度及性格特征，另一方面新员工也可以进一步了解工作的内容和组织的要求，建立良好的人际关系。《中华人民共和国劳动合同法》对试用期进行了明确规定：同一用人单位与同一劳动者只能约定一次试用期。《中华人民共和国劳动合同法》对试用期长短限定为：劳动合同期限三个月以上不满一年的，试用期不得超过一个月；劳动合同期限一年以上不满三年的，试用期不得超过两个月；三年以上固定期限和无固定期限的劳动合同，试用期不得超过六个月；以完成一定工作任务为期限的劳动合同或者劳动合同期限不满三个月的，不得约定试用期。

3.考核。新员工试用期满之后，由主管对其进行试用期考核，以确定其绩效表现是否符合组织要求。如不合格则延长试用期，若延长期考核仍不合格，则解雇。

4.正式任用。如试用期考核合格，组织则批准对新员工予以正式任用。

（五）绩效管理规划

根据员工表现，给予公平合理的评估，作为薪酬调整、晋升及奖惩的依据。绩效管理规划包括环境和现状分析、绩效管理目标和方略、绩效管理方案等。

如前所述，管理模型是对管理实践或管理理论中一个系统、一种理论或一类现象本质的或直观的描述。按照这个逻辑，绩效管理模型就是对绩效管理实践本质的和系统的描述。对于组织层面的绩效管理过程而言，基本的逻辑是根据组织战略，确定组织生产与服务活动；再根据组织活动，确定组织绩效管理计划；然后，实施绩效考评计划，反馈绩效考评结果；最后，对照绩效标准判断是否需要采取措施改进实际绩效。

对于团队绩效管理，基本的逻辑与组织绩效管理相同。主要的区别是主题为小规模的群体，是按照既定原则—充分利用个性比较优势、最优化资源配置、最大化整体能力而建立的团队。对团队活动成绩和效果的管理，同样需要经历绩效的计划、考评、反馈和改进四个环节。一般而言，现代组织是为了完成某项艰巨任务或者为了获得高绩效而组建团队的。有效考评团队绩效，及时反馈绩效信息，能够为提升现有团队的工作效率提供依据，为新团队的组建提供经验。

建立科学、合理的制度，考评员工的个人绩效，及时与员工本人沟通考评信息，有利于帮助员工找出差距，改进工作，取得更好的成绩。此外，还有利于增进员工个人目标与组织目标的一致程度，进一步推动组织绩效的提高。

（六）薪酬福利管理规划

给予员工合理而公正的报酬、优厚的福利待遇及舒适安全的劳动条件，使其安于工作，提高生产力。薪酬福利管理规划包括环境和现状分析、薪酬福利管理目标和方略、薪酬福利管理方案、薪酬福利管理预算等。

薪酬与福利制度对于组织战略目标的实现具有决定性的作用。组织实施新战略，通常都需要修订、调整或重建薪酬福利制度。比如，中国四大国有商业银行改制，实行市场化经营战略。其中最重要的变化之一，是银行内部履行终身制服务职责的工作人员，转变成签订有期限聘用劳动合同的人力资源，直面激烈的金融业人力资源竞争。这种变化对于聘用方聘用员工而言，都意味着空前的挑战与机会。银行引进、保持、使用、激励和开发有市场竞争力的高质量专业人力资源，必须从构建新型的战略性薪酬福利制度做起。薪酬福利制度创新滞后，必然会遭遇高价值人力资源流失、在岗人力资源动力不足、部门工作效率偏低等问题，市场化战略的实施效果一定会大打折扣。

薪酬设计有多种方法或技术可以利用。比如，为了体现内部一致性原则，可以采用职位的分析、描述、评价和等级结构的确定等方面的技术；为了坚持外部竞争性原则，需要利用科学有效的方法，界定市场范围，开展市场调查，优化薪酬结构，降低薪酬成本。

设计薪酬的目的主要在于激励战略人力资源，提升员工绩效，维护待遇公平，促进劳资关系的和谐。

（七）职业生涯管理规划

职业生涯管理规划包括环境和现状分析；职业生涯管理目标和方略；职业生涯管理方案等。

随着职业生涯的发展，员工将经历成长、成熟与衰退的变化，这些变化是生理机能变化的结果。员工对组织具有使用价值的是人力资本，即知识、技能与能力，它们以人力为载体，人力的变化必然引起人力资本使用价值的变化。因为知识、技能和能力的使用，受载体—人所控制与支配。

为此，组织应该高度关注员工，特别是骨干员工职业能力的建设与发展，以便及时掌握组织中人力资本的变动情况。

大规模、高层次和有潜力的组织，通常会把员工个人职业生涯在组织中的发展纳入人力资源部门的议事日程和管理活动之中。组织对员工发展提供的帮助越多，员工越是忠诚于组织，员工个人职业目标与组织期望目标的一致性也越好，组织实际获取的人力资本的数量和质量就越有保障，员工职业发展管理一般分为以下四个阶段：

1. 评价自我阶段——员工个人确认自己的发展需要，了解改善现状的机会；组织帮助识别员工的职业性向、价值观，以及竞争优势与劣势。

2. 审视现实阶段——员工个人审视自己的需要，在当前和未来条件下是否具有现实性与合理性；组织根据绩效评价结果，就组织要求与个人表现之间的一致性以及组织对员工能力的期望与员工本人进行沟通，以便对员工个人如何在组织中发挥作用，并使自己得到锻炼和提高达成共识。

3. 设定目标阶段——员工选择合理的发展目标，明确实现个人职业目标的可能途径；组织确保员工的目标具体、现实和有挑战性，并承诺提供帮助。

4. 计划行动阶段——员工制订实现职业发展目标的步骤和时间表；组织编制预算，及时提供实现目标所需的资源。

（八）劳动关系管理规划

劳动关系管理规划包括环境和现状分析；劳动关系管理目标和方略；劳动关系管理方案等。

在市场经济条件下，人力资源的配置是通过劳动力市场实现的。在劳动力市场中，企业与劳动者均为享有经济主权的市场主体。从社会生产的角度考察，企业是将劳动与资本按各自市场价格组织起来,并使他们与一定的技术相结合,生产出产品或服务。一般而言,所谓劳动关系通常是指用人单位与劳动者之间在运用劳动者的劳动能力,实现劳动过程中所发生的关系。

在劳动关系管理规划中,例如环境与现状分析中,主要表现在以下几方面:

1. 职工队伍基本稳定。调查显示,虽然一些企业的经营发展趋缓,用工需求有所减少,但总体用工状况年初以来仍保持稳步增长。

2. 企业与职工双方依法确定劳动关系的意识逐步增强。大部分企业能与职工依法签订、履行劳动合同,劳动合同和集体合同的签订,促进了企业劳动关系的稳定与和谐。

3. 职工基本权益得到保障。企业用工已打破求职人员身份界限,就业歧视现象正在弱化。大多数企业能自觉执行最低工资制度,能按《劳动法》规定安排职工加班并支付加班工资或安排补休,拖欠工资现象逐步减少,生产经营正常企业基本上都能按时发放职工工资。

4. 企业凝聚力逐渐提升。大多数企业能坚持以人为本,注重企业文化建设,重视劳动关系的和谐,积极为职工创造适宜的生活和工作环境,注重员工培训,注重人才培养,对特殊岗位职工进行定期健康检查,对有关职业病做到了较好的预防。

第八章 人力资本的价值确定

第一节 人力资本的价值理论

一、国外人力资本定价理论研究

近几十年来，国内外学者对人力资本理论的研究取得了较多研究成果。尤其是在人力资本产权、人力资本投资成本与收益分析、人力资本与经济增长以及人力资本与收入分配等领域都成果丰硕。但人力资本定价理论的研究则发展缓慢，而且经济学家和管理学家的研究也特色不同。

从二十世纪六十年代起，在舒尔茨、贝克尔、明塞尔、阿罗等人力资本理论的奠基人和开拓者们的著作中，都对人力资本的定价理论有了初步的研究。其中贝克尔的最大贡献在于他为这项理论研究提供了坚实的微观经济分析基础。新古典人力资本研究者得出了要不要进行人力资本投资以及投资数量多少的决定因素是人力资本投资的收益率。而以哈西摩多为代表的人力资本投资的交易费用模型研究者们以企业契约理论为支撑，揭示了人力资本投资的有利性和不确定性，成为新古典人力资本理论的重要补充。由此，信息经济学和博弈理论被逐渐应用到人力资本理论分析中来。

二十世纪八十年代起，经过罗默、卢卡斯、斯科特等一批经济学家的努力形成了以构建技术内生化的新经济增长模型。这时期的人力资本理论主要集中在人力资本对社会经济增长的作用上。他们运用统计分析等方法作了一系列实证研究。

人力资本定价问题不仅是经济学者们研究的中心，同时管理学者们也从人力资本价值的角度来研究。从计量的时间角度可分为成本法、折现法、期望价值法、现值法以及其他若干方法。其中，成本法又包括历史成本法、重置成本法、机会成本法三种。有关折现法的研究很多，包括"未来工资报酬折现法"、弗兰霍尔茨提出的"随机报酬折现法"等。期望价值法包括弗兰霍尔茨提出的"经济价值法""完全价值测定法"等。其他影响较大的方法还有赫曼奇和琼斯提出的"内部竞标法"及赫曼森提出的"商誉评价法"。

从计量的对象角度，可分为人力资本个体价值计量和群体价值计量模式两大类。

(1) 人力资本个体价值计量模型认为：人力资本是个人价值的总和。只有先求出个人价值，才能求得组织价值，而且企业的许多决策都是以个人为中心，取得的信息对企业的决策更具相关性。未来工资报酬折现法、内部竞标法、随机报酬折现法就是人力资本个体价值模型常用的方法。

(2) 人力资本群体价值模型认为：人力资本的价值是指人力资本会计在组.织中的价值，作为组织中的一员，人力资本离开了组织就无法衡量其价值。而且，个人价值的总计不一定等于组织的价值。所以，他们认为人力资本价值会计所计量的应是群体的价值，而非个人的价值，为此他们提出了商誉评价法和经济价值法等方法来测定群体价值。

二、国内人力资本定价理论的研究

国内学者人力资本理论的研究是从20世纪90年代初开始的，而人力资本定价理论研究是近两年来才逐步出现相关文献的一个前沿课题，思路上也大致沿袭国外学者。从经济理论上分析的有汪丁丁、张维迎、周其仁、方竹兰、李宝元、冯子标等人。他们对这一课题的研究方向主要集中在以下几个方面：

(1) 从企业契约理论和委托代理理论角度探索企业人力资本剩余索取权与控制权的实现。

(2) 从马克思劳动价值理论角度寻找人力资本定价的理论源泉。

(3) 从人力资本股权化角度提出人力资本运营论。

(4) 通过企业绩效和报酬敏感性分析建立人力资本定价模型。

(5) 采用布莱克—斯克尔斯的期权定价模型进行人力资本股票权定价。

(6) 通过博弈模型从雇主和员工双方博弈决定人力资本的均衡价格。

(7) 从资本资产定价模型来推导人力资本定价模型等。

这些研究分别从不同角度对人力资本定价理论上作了一番探讨。

在我国，不仅经济理论工作者，而且管理学者也对人力资本价值计量进行了研究，以张文贤、李世聪为代表。前者的主要思想是通过对人力资本管理贡献的确认与计量这一支撑点，采用管理入股、技术入股等手段，对人力资本进行定价。而后者在总结分析国内外人力资本价值计量研究现状和测算国内外人力资源价值计量模式的基础上，提出了人力资本当期群体、个人、效绩、分配价值和未来群体、个人价值等一系列计量模式，实现人力资本的企业人力资本群体价值、个体价值、效绩价值、分配价值的四位一体化，并经过多家企业应用验证取得了比较好的实证结果。其他学者还有：徐国君提出的"完全价值测定法"，文善恩提出的"未来净资产折现法"，樊培银、徐风霞提出的"调整后的完全价值法",等等。

尽管近几年来国内学者对人力资本定价这一课题的研究不断深入,也取了一定成果,但与国外学者对这一课题研究相比,国内的研究基本上集中在对西方人力资本理论的介绍和推广上,还没有取得突破性进展。

三、人力资本价值的形成

人力资本价值的形成过程就是教育、培训等投资和接受这些投资所放弃的机会收入等价值在劳动者身上凝结的过程。马克思从劳动价值理论出发对人力资本的形成问题做了最基本的论述:"劳动力的价值,就是维持劳动力所有者所需要的生活资料价值,它包括补充所需要的生活资料。"而且,"要改变一般人的本性,使他获得一定劳动力,就要有一定的教育和培训,而这就得花费或多或少的商品等价物。教育费用对劳动力来说是微乎其微的一包括生产力所耗费的价值总和。"马克思在这里明确指出了人力资本形成的重要途径:教育和训练,并且认为教育费用应该包括在劳动力价值之中。

劳动力价值规定了人力资本的内在价值,每个拥有人力资本的个人,其人力资本价值都包括这些方面,但因每部分的数量有别,对于低层次的人力资本,教育费用就要低些。在经济发达的社会,教育费用将占到更高的比例,而体力等所占比例越发减少。由此可见,人力资本的价值在劳动者身上的凝结。

在此基础上,舒尔茨提出了人力资本价值公式:

$$R=C_1+C_2$$

其中:R 为人力资本价值;

C_1 为教育的直接支出成本;

C_2 为接受教育的机会成本。

直接支出成本是指个人或家庭直接负担的费用,包括学杂费、交通费、书本文具费等。机会成本之所以成为人力资本价值的组成部分,是因为受教育者在进入劳动年龄后,一般都具有一定的劳动收入,而脱产接受教育则放弃这部分收入,这实际上是为取得更高的劳动技能以在未来获取高收入所进行的一种投资。此外,考虑到迁移成本,人力资本价值又应使用以下公式表示:

$$R=C_1+C_2+C_3$$

其中:C_3 为迁移成本。

迁移成本之所以作为人力资本价值的一部分,是因为经济结构经常发生变化,劳动力只有适应这种变化而进行必要的迁移,在流动中寻找比较利益,寻找与自身人力资本价值转换和相匹配的境遇和机遇,才能人尽其才,物尽其用,进而发挥更大的增值作用。所以,迁移费用也是一种特殊形式的人力资本投资。

总之，人力资本价值的形成过程就是教育、培训、迁移等投资和接受这些投资所放弃的机会收入等价值在劳动者身上凝结的过程。这种过程是劳动者作为市场经济主体、为提高收入而进行的投资。这种投资与对物化资本的投资不一样：它的投资时间跨度大，而且投资主体多元化、投资过程复杂。一方面人力资本价值的形成是一个长期积累的过程，尤其是作为人力资本不断地学习和投入。另一方面，在人力资本价值形成的过程中，人力资本的投资者是多元化的，它除了与物质资本一样能够通过外界（社会、政府、企业以及其他团体等）投资，人力资本承载者本身对自己可以进行投资，而且人的积极性和努力程度对其资本价值的最终形成起着关键作用。也就是说，外界对人力资本的投资与其投资客体资本量的增加并非成线型关系，当然还与投资客体的积极性和努力程度有关，各投资主体在进行投资时，必然考虑投资成本与收益的比例关系，比如，劳动者要在该不该投资、什么时候投资、投多大的资以及选择什么样的投资方向等问题上进行决策，其他投资者则要考虑培训什么样的人才、采取什么样的方法、以及达到什么样的收益水平。投资各方的这种决策，选择和安排，必然导致人力资本价值形成的高效化。通过投资各方对劳动者的投资，经过一段时间的教育和培训，人力资本的价值便形成了。于是，劳动者对人力资本的所有是为了获得更多的收获，所以，他必然将资本转让给需求者，而这个过程就需要对人力资本进行合理配置和有效使用，进而达到人力资本保值增值的目的，即：充分发挥人力资本效用，最大限度实现人力资本价值。

第二节　人力资本投资

一、逆向选择下人力资本投资的博弈分析

现在我们用一个简单的博弈模型来说明在逆向选择下所导致的人力资本过度投资。在以下的模型中，假设：

(1) 劳动力市场存在岗位竞争，学历文凭（不分脱产是否）是显示个人能力的唯一信号，也是岗位竞争的唯一标准。

(2) 博弈双方为在职者与劳动力市场的待进入者。

(3) 考虑到在职者的资历因素，同等学力或文凭条件下，在职者在岗位竞争中处于优势地位。

(4) 进行人力资本投资的成本包括：相对货币成本、能力支付成本和机会成本三个部分。

我们考虑一般情形,用 X 来反映某一层次文凭,用 Z 来反映个人资历(工作经历、工作年限等),设个人在劳动力市场上保持或获得岗位的概率为 P(X,Z,K) 它分别是学历 X 和资历 Z 的增函数,同时又是 K 的减函数。其中 K 表示社会上某类文凭 X 的密度(稀缺程度),它以持该文凭的人数占全部劳动力人数的比例来衡量。设保持或获得岗位后的收入增量现值为 W,这样,个人进行人力资本投资的收益为 P(X,Z,K)W。

又设个人人力资本投资的相对货币成本为 B(Z),它是个人资历的减函数,因为资历越高,财务支付能力越强,相对成本越低;设能力支付成本为 C(A),它是个人能力变量 A 的减函数;设机会成本为 S(A),它是个人能力的增函数,因为个人能力越强,投身于学业而损失的在职收入越多,这样,个人进行人力资本投资的必要条件是满足:

$$P(X,Z,K)W > B(Z) + C(A) + S(A)$$

市场均衡时,上式将取等式形式,均衡结果为:相对成本最小者进行人力资本投资,而相对成本最大者选择不投资,但市场无法利用教育信号区分高能力者与低能力者。

几种特殊情形:

(1) 假定教育成本只有能力支付和机会成本两项,即忽略货币成本,由于能力支付成本和机会成本分别是个人能力的减函数和增函数,所以最低成本点为两个函数的相交点,此点的个人能力变量为中等程度,也就是说,市场衡时,只有中等能力者选择人力资本投资,这种情况下,教育没有起到信号筛选的作用。

(2) 放松关于机会成本的假定,假定它为常数,并忽略相对货币成本,即假定教育成本只有能力支付成本一项,那么,市场均衡结果为:高能力者具有低成本,将选择人力资本投资;低能力者具有高成本,将不选择投资,市场均衡为分离均衡,这就是信号筛选理论的基本观点。

(3) 假定教育成本只有相对货币成本一项,即忽略能力支付和机会成本,那么,市场均衡时,只有富人进行人力资本投资,而穷人的相对货币成本较高,市场出现了典型的教育不公平现象;同时,教育信号变得模糊了,一些由于受到财务约束的潜在高能力者被迫退出人力资本投资市场。因此,教育不公平必然伴随着人力资本投资市场的"逆向选择"。

(4) 假定教育成本只有机会成本一项,即忽略相对货币成本和能力支付成本,那么市场均衡时,只有低能力者选择人力资本投资,而高能力者被排挤出市场,出现了典型的"逆向选择"。

上述情形究竟哪一种会出现,取决于一定的社会条件,下面我们来具体分析在职者和劳动力市场的待进入者的行为。

对在职者而言,受到的是工作岗位竞争的冲击,在职者面临两种抉择,要么追加人力资本投资,以便增加自己保持现有岗位的概率;要么不进行投资,则有可能被淘汰出劳动力市场，其概率取决于某一学历或文凭的密度K，在职者追加文凭投资的必要条件是满足：

$$WIP1(X，Z，K) > B1(Z) + C1(A) + S1(A)$$

在职者追加文凭投资的财富约束B1(Z)取决于其个人资历，因而一般是满足的，同时，在职者如果能够不脱产学习，那么，其机会成本可忽略不计，故我们集中考虑个人能力支付成本C1(A)，它完全取决于文凭的管理严格程度。

(1) 假定文凭管理是严格的，因而C1(A)是昂贵的。这样，对高能力者来说，获得较高文凭的个人能力支付成本低，因而将选择人力资本投资；对于低能力者来说，其能力支付成本高，因而不选择投资。此种情况下，市场均衡是分离均衡，也就是有效的。

(2) 假定文凭管理是松懈的，那么C1(A)将大大降低，同时假定在职者面临的是不完全竞争的劳动市场，因而受到人力资本"创造性替代"作用的威胁。在这种情况下，文凭在岗位竞争中具有"护身符"作用。因此所有在职者都将选择人力资本投资，这可以解释八九十年代以来中国的在职教育热现象。低能力者一旦能够容易获得文凭，文凭的"筛选"和识别作用就会丧失，同时，由于低能力者参与文凭投资，必然降低文凭竞争者的平均能力，使得该类文凭的标准不得不进一步降低，因而能力支付成本进一步下降，均衡时必将造成"逆向选择"，此类文凭将得不到社会的承认而趋于消逝。

我们再来比较劳动力市场的待进入者的人力资本投资收益与成本。假定待进入者决定是否与在职者进行同一层次的文凭投资。从收益看，根据前面的假定，在职者在同一学历层次下拥有岗位竞争优势，因而我们可假定待进入者获得岗位的概率小于在职者，从而待进入者的预期收益小于在职者。从成本看，假定个人能力支付成本相同，我们仅就相对货币成本和机会成本进行比较。由于待进入者没有个人资历，他的财务约束显然比在职者更紧，因而相对货币成本更大；由于待进入者只能采用脱产形式进行人力资本投资，故他的机会成本比在职者高。这样，可以得到结论：如果待进入者与在职者进行同一层次的文凭投资，无论从收益还是成本而言均处于劣势，市场均衡结果是：待进入者将退出与在职者的文凭投资竞争。尤其是当财富约束成为决定性条件时，许多出身于贫困家庭但有较高潜在能力的待进入者，将被囿于财富限制，不能进行人力资本投资，成为"逆向选择"的牺牲品。

但是，潜在的高能力者总是力图依靠教育信号将自己与低能力者区分开来，以便在岗位竞争中取得优势。根据前面的假定，获得某一岗位的概率是某一学历或文凭的密度的减函数，当某一文凭层次具有较强的稀缺性时，获得某一岗位的概率就大，因而即使其投资成本较高，也是值得的。由于待进入者在与在职者进行同一层次文凭投资竞争中处于劣势，其合乎逻辑的理性选择，就是进行更高一个层次投资。这种选择，可以称之为人力资本投资的先动优势选择，目的是利用某一文凭的稀缺性来提高获得岗位的概率。同样，对于已获得某层次文凭的毕业生而言，也将选择继续进行更高层次的人力资本投资，以便取得文凭先动优势。

以上的分析表明，劳动力市场中的在职者与待进入者实质上在进行一种序贯博弈。工作岗位的竞争性配置，对不具有某种文凭的在职者来说是一种威胁，如果某类文凭管理把关不严，人力资本投资的能力支付成本将大大降低，因而不管是高能力还是低能力在职者，都将追加"文凭"投资，然而，市场均该类文凭的教育信号功能，导致待进入者退出该文凭的投资，使人力资本投资出现"逆向选择"，同时使得竞争性岗位的平均学历迅速上升。在职者的投资行为信号使得待进入者不得不做出反应。为了将来获得岗位，待进入者只得竞相进行更高层次文凭投资，以便取得文凭的先动优势。在职者与待进入者的相互作用，导致了两个结果，二是文凭投资攀比盛行或过度投资；二是较低层次文凭快速贬值，这种竞相追逐文凭的现象导致全社会人力资本投资过度，造成了社会资源的浪费。

第三节 人力资本计量与定价

一、人力资本计量

计量是"根据特定的规则把数额分配给物体或事项"的活动。完整的计量活动包括三个方面：

第一、择计量尺度。

第二、定计量规则。

第三、配具体数量。

根据上述原则，我们探讨人力资本的价值量化问题。

(1) 计量尺度的选择

为了与物质资本具有可比性，人力资本的计量尺度只能与物质资本相同，也就是以货币单位作为人力资本的计量尺度。由于人力资本投资是一个历史过程，所以，应该把人力资本的历史成本价值转换为与物质资本组成企业法人财产的那个时点的现值。

(2) 计量规则的确定

首先，承认人力资本的个人产权属性。

由于人力资本的天然地归属于个人的特征，因此，不论是个人还是家庭、企业、国家和社会，对劳动者投资的人力资本都应属于劳动者个人。这是人力资本与物力资本的重要区别。物力资本可以贯彻"谁投资，谁所有"的原则；而人力资本则不同。对劳动者本人以外的其他个人、家庭和社会团体的投资，劳动者实际上是以借贷资金的形式来处理的。对于家庭的投资劳动者通过对家庭成员的抚养义务、感情和责任的形式进行偿还；对于国家和社会的投资，劳动者只要在该企业服务达到一定时间，其为企业新创建的价值足可以补偿企业对劳动者的投资。为了便于进行会计核算，可以把企业对劳动者的培训、进修、在职修养等投资作为劳动者向企业的借贷资金处理，即形成人力资本归属于劳动者个人，在取得人力资本的利益分配中进行偿还，即可以向对待借贷的货币资金那样还本付息。

其次，确定人力资本的构成范围。

人力资本的范围应该包括：从出生到学龄前的养育费、托幼费；参加工作之前的国民教育费；参加工作以后的继续教育费，以及脱产期间的机会损失价值、劳动者在"干中学"的经验、知识和技能的累积，以及达到一定年龄以后不能从事某些工作的减少价值。在计算劳动者在"干中学"的知识和技能积累时，可以根据劳动者在企业工作年限确定按照一定的递增比例，达到一定年限以后按照一定的比例递减的关系，而这个比例是动态的。

不计算由于劳动者在职期间的疾病治疗和养老保险等由社会保障基金支付的费用。

不计算企业为了取得人力资源管理部门和财务部门应该为每一个员工建人力资本个人账户增减的动态状况，并据此进行企业人力资本会计制度设计。

最后，考虑由于劳动者的努力程度和天赋造成的人力资本差异。

老企业可以根据上一年度劳动者的努力程度和天赋不同对企业的贡献不同，对劳动者的人力资本价值进行修正。并相应地调整企业的人力资本总账户。努力程度的系数可以在0—1的范围内赋值；天赋不同所形成的特殊差异系数可以用倍数法进行赋值，对技术创新者和职业经理人员由于非客观因素造成的技术创新和管理风险损失的特殊贡献系数可以以0—1为赋值区域，对其技术创新和管理风险带来企业收益的特殊贡献系数可在大于1的范围内赋值。

通过修正以后的企业人力资本总账户，就是与物质基本共同组成企业法人财产的人力资本价值。

二、人力资本定价的理论基础

(1) 时间价值理论

许多学者在研究人力资本时大多都把时间因素排斥在外，因为时间并不存在于人们的脑力和体力中，而我们知道，在一定程度上，时间是他们的基础，如果没有时间的投入，技能、知识、才能和人力的贡献都不会生产出任何产品。同时还要看到的一个客观事实是，任何资本的投资都是现在发生，而且作为人力资本的投资相当程度上是连续进行的，可是收益却是在未来实现的，为此，在计量人力资本定价时，不得不引进时间理论。

货币的时间价值,是指在没有风险的条件下货币经历一定时间的投资和再投资所增加的价值,也称为资金的时间价值。它体现为资金在运动中的增值,在生产过程中,它是通过劳动凝结在新产品不断增加的劳动量的价值。由此看来,无论是人力资本或物质资本,其货币的时间价值都是客观存在的。

(2) 风险报酬理论

由于时间价值的客观存在,其未来价值折算的现值是没有风险的价值计量,但除了投资本身的时间价值的计量外,我们不能不承认风险的存在。投资经济学告诉我们,风险是指在一定条件下和一定时期内可能发生的各种结果的变动程度,它主要指无法达到预期报酬的可能性。任何一项投资,由于未来收益的不确定性,必然使其存在一定程度的风险,而不同的投资对象,其风险程度是不一样的。为此,必须根据风险大小进行估价才能确定其收益值。如果不考忠通货膨胀的话则会有:

期望投资报酬率 = 无风险报酬率 + 风险报酬率

风险报酬率是指投资者因冒风险进行投资而要求的,超过资金时间价值的那部分额外报酬率。

由于人力资本的特殊性决定了投资人力资本的风险高于其他项目的风险,究其原因:首先,人力资本依附于人本身,而人的本身可能遭到生命安全及健康方面的意外侵害,从而降低了人力资本的收益能力和相应的人力资本价值。

其次,由于人力资本价值取决于对资本未来收益的预期,既然是预期,就涉及了一个"主观的因素",不同的人会做出大不相同的预期,正因如此,当我们对人力资本定价时,总会面对一个"价值区间"。因此,与物质资本相比较,任何投资者宁愿要肯定的某一报酬率,而不愿意要不肯定的同一报酬率。这种现象叫作风险厌恶。

再次,从人力资本的价值实际来看,一方面,由于知识的更新速度越来越快,致使人力资本所承担的风险也随之增大,其形成人力资本投资初始阶段的"沉没成本"将面临预期收益折算价值的贬值;另一方面,在人力资本面临着每期价值需要变现的过程中,由于社会环境,生存条件的需求,加之人力资本作为"经济人"的前提,致使人力资本会不断地变更原有的生存空间,在增加"迁移成本"和"心理成本"的过程中,使原有的期望收益变现的"离差"增大,这无疑增大了人力资本的风险程度。人力资本的高风险性可能影响到人力资本的投资决策,特别是私人投资的决策,因此考虑人力资本的风险因素就显得尤为重要。

第四节 人力资本价值实现

有效实现人力资本价值就是对人力资本进行合理配置和有效使用,最终达到收入增长和经济增长的目的,即:劳动者收益增加和企业利润最大化。有效实现人力资本价值应着重考虑以下几方面:

(1) 建立以人力资本为核心的个人所有制

人力资本是凝固在人体内的,天然属于个人的,由其天然的所有人控制这种资本的启动和利用。所以,必须确立劳动者对人力资本的产权,即:劳动者以一个独立利益主体资格对其所拥有的人力资本行使所有权、支配权和收益权。具体而言:这种产权包括劳动者具有选择专业对口单位和流动就业权益;具有按照人力资本价值获得合法收益的权利;具有依法保护其拥有的人力资本不受侵犯的权利等。以上这些权利,任何单位、部门和个人都不得以任何借口进行限制。

根据美国学者贝克尔的研究,在挪威,一九九零年到一九九五年间,固定资产、普通劳动力和高智能智力的投资额每年增加百分之一,其对应的收入量则分别增加 0.2%、0.76% 和 1.8%,人力资本的收入是固定资产的投资收益的九倍。所以,只有从法律上认可人力资本参与剩余价值分享的合法地位,建立以人力资本为核心的个人所有制,才能有效实现人力资本价值的保值、增值。

(2) 协调人力资本与其他产权主体的利益关系

大多数情况下,人力资本承载者并非是决策者、管理者,因此,人力资本效能发挥需要人力资本其他产权主体为人力资本承载者创造良好的经济体系、运行机制、组织环境等上层建筑环境。这是因为人力资本在经济发展中最为能动,弹性最大,是价值转换率最高的主导性资本。人力资本作为一种活的能动的智力资源,它的承载者是有感情的人,其智力所凝结的人力资本的效用与人的精神状态紧密关联,他可以通过人的积极性和创造性创造出远远超出自身价值的物质与精神财富。人力资本的精神能动性来源于客观物质环境,又反作用于客观物质环境。因此,只有制造出有利的环境条件,才能满足人的需求。具体而言,良好的生活、工作、领导和人际关系环境;较好的社会、经济、政治和科技环境;尊重知识、尊重人才、知人善用,任人唯贤,符合人自身价值和需要状态的环境;物质资本雄厚,生产要素先进,文化积淀丰厚,资源配置合理,能为自身特有的人力资本存量提供更为优良、综合匹配条件优越的环境等。

(3) 建立以产权激励、机会激励为核心的激励机制

将人力资本转化为能够充分利用和充分实现的使用价值,就需要人才激励机制。

谁能有先进的人才激励机制，谁就能吸收各方人才，就能充分发挥人力资本的效用，并且有可能产生递减的人力资本扩散和带动效应。

产权激励就是采用股权分享的方法对人力资本实行持续激励。这是因为生产要素中的物质资本不能直接创造财富而只是实现价值转移，只有人力资本才是财富增值的源泉，因此人力资本除了领取一份劳动力再生产的工资外，享有经营股权收入完全具有合理性。在股权分享这一激励安排设计时，关键是要安排一种机制，老股东能够让出部分股权使技术创新人才能够成为新股东，从而真正实现知识、智力、技术等因素与资本一起参与分配。由于股权分享体现的是对高素质人力资本的承认与重视，使他们的长远利益以及知识的市场价值与企业的长期发展紧密联系，因此具有较好的自我激励价值。

机会激励就是人力资本价值的实现。这是因为人身的人力资本会随时间的变化而产生自然损耗，这种损耗是由人体衰老所造成的体力、智力等无形损耗构成的。与物质资本的磨损和折旧相比，人力资本的损耗和折旧比较缓慢。这主要原因是，人力资本是一种活的、能动的智能性资本，在正常使用中，伴随丰富的生产实践活动和各种形式的人力资本继续投资活动，在人们身上产生了一系列知识更新、经验积累、能力开发和个性完善的反映变化，形成了一系列自我强化、自我丰富、自我发展的人力资本存量补偿和增量添加的独特过程，从而大大降低了人力资本的无形损耗。因此，只有适时而恰当地开发和利用人力资本，连续不断的进行人力资本投资，使劳动者有机会获得知识更新，有机会发挥个人知识专业，才能使自身的人力资本及时转化为更大的实际价值。

第九章 经济增长方式与人力资源开发

第一节 概述

一、经济增长方式及其转变的内涵

在人类社会发展的进程中，经济增长是由多种因素共同作用的结果，而这多种因素组合与利用的不同方式决定了不同的经济增长方式。具体地说，经济增长方式是指推动经济增长的各种要素的组合方式和各种要素组合起来推动经济实现增长的途径、手段、方法、方式和形式的总和，或者说，就是指经济增长来源的结构类型。一定的经济增长方式直接影响着经济增长的质量、速度及效益，不同的经济增长方式会产生截然不同的经济效果。

经济学界从不同的角度对经济增长方式进行了多种不同的分类，主要有：

第一，从经营方式或经济增长效率的角度，把经济增长方式分为粗放型和集约型。粗放型增长就是主要依靠资源的大量投入来支撑，其结果是高投入、高消耗、低质量、低效益。其片面追求数量、产值和速度，忽视增长的质量和效益，忽视要素生产效率的提高对经济增长的贡献。集约增长则是主要依靠提高活劳动和物化劳动利用率来增加产品的生产量，这种方式更注重生产要素效率的提高，通过提高要素效率对经济增长的贡献来提高生产质量和增加社会效益，其结果是低消耗、高质量、高效益。

第二，从扩大再生产的角度，把经济增长方式分为外延型和内涵型。这一划分是根据马克思在《资本论》中的论述提出的。马克思说："如果生产场所扩大了，就是在外延上扩大；如果生产资料效率提高了，就是内涵上扩大"。据此，可将经济增长方式进行分类，即外延增长和内涵增长。外延型增长方式是指扩大再生产主要靠生产要素投入的增加；内涵型增长方式是指扩大再生产主要靠技术进步和生产效率的提高。

第三，从经济增长过程特点的角度，把经济增长方式分为速度（数量）型和效益（质量）型。速度（数量）型是指片面追求数量、产值和速度，主要通过加大投入、铺新摊子、上新项目来加快发展速度，通过高速度拉动经济增长，这表现为质量低、效益差和结构失衡等。效益（质量）型增长方式则通过高效生产来提高经济效益，注重经济增长的质量和效益的提高，以及产业结构的协调和优化等，包括经济效率的提高、结构优化以及运行状态良好等多方面的内容。

这几种经济增长方式的转变类型在现实经济生活中是相互交叉的，但又有所区别。速度型和效益型、数量型和质量型，侧重于经济增长的形态和结果，而粗放型和集约型、外延型和内涵型，则着眼于生产要素的分配和使用。其中，速度型和效益型、数量型和质量型两种分类在含义上有相同之处，但也有一定的差异，后一种分类法内涵更丰富一些：数量型和质量型的增长，既包含了增长速度的高低，也包括了经济结构的变化以及经济运行是否平稳、健康等；而速度型和效益型只是反映数量型和质量型增长的一个侧面，速度的高低是经济增长数量特征的一个方面，效益的好坏也只是经济增长质量的一个方面。粗放型和集约型、外延型和内涵型，两种不同的表述方法是有一定联系的，但不能把二者等同起来，这是因为外延扩大再生产不一定是粗放型经济增长，而内涵扩大再生产也不一定是集约型经济增长。譬如，经济的增长不仅要求原有企业不断挖潜改造，更需要建立起现代化的适合时代要求的高技术、高管理水平的新企业，这种外延扩大再生产就不是低水平的重复，而是更高层次、更高水平的新建，是一种集约型的增长。因此，盲目地使用几种分类方式，只能是一种对经济增长方式的机械式的研究。要想合理地使用，需要合理地辨别其内涵，把握其实质，才能做到有的放矢。

二、转变经济增长方式对人力资源开发的影响

总体上来讲，人力资源开发受到各种因素的影响，在本文，以研究的论题为限，排除了其他因素的影响，仅仅讨论转变经济增长方式对人力资源开发的影响。

（一）对人力资源开发的理念、战略和机制的影响

1. 强调持续性人力资源开发理念

转变经济增长方式在提升经济增长质量的同时，也促使经济增长过程中的人发生了重大改变。这一改变离不开持续性的人力资源开发理念。持续型的开发理念，意味着长远的眼光、功于后代的思想。首先，强调人自身的持续性。人在整个经济增长过程中起着至关重要的作用。人的自身健康、自然寿命、人们的生活方式、生活水平无不影响着经济发展的进程。保持健康体魄、延长人的寿命、改变人们的生活方式、提高人们的生活水平，使人精神饱满、健康愉悦、繁衍生息，传递、继承一辈又一辈的使命，实践着生理人和社会人的使命。其次，强调人与人之间关系的持续性。在转变经济增长方式的过程中，科技创新，结构调整，人员流动，职位转换，等等，人与人之间的关系会发生不经意的改变。这种改变可以看作是原有关系的断裂，但更为明朗

的是新型关系的缔造。为了经济的良好发展，人们之间团结合作的趋势加强，被取而代之的恶性竞争会逐渐远离人们的视线。最后，强调人与自然之间的关系的持续性。转变经济增长方式意味着从资源消耗、环境破坏向资源节约、环境友好方向转变，意味着人们从破坏自然向保护自然方向转变。从随处堆放垃圾、乱砍滥伐、大量消耗稀有资源转变为分类处理废物垃圾、植树造林、降低不可再生资源的利用程度、开发新型能源，以更简便、更干净、更环保的方式营造人类生存的环境。如果没有人与自然的和谐、持续发展，人自身的持续性、人与人之间的持续性难以为继。

2. 强调整体性人力资源开发战略

转变经济增长方式是一项系统工程，它不是细枝末节的改变，而是各个转变主体、转变客体、各个环节等等的重大转变，这就要求同样作为系统工程的人力资源开发的开发主体、开发客体、开发环节等等也要实行积极的改变。这里的整体性既包括开发主体的整体性，也包括开发客体的整体性，还涉及人力资源开发环节上的整体性。开发主体的整体性涉及开发的各个部门（包括学校、企业、政府等）的齐心协力，团结一致，相互配合、协调、沟通、合作，以政府扶持企业和学校，以企业配合学校和政府，以学校联合企业和政府，共同为开发客体服务；开发客体的整体性涉及学校、企业、政府的全部教育对象、培训对象、激励对象等整体素质的提高，及激励对象自身的全面发展；开发环节上的整体性涉及招聘、培训、配置、使用、激励等环节上的紧密衔接，不可分割。

3. 强化人力资源开发机制

首先，经济增长方式的转变是一个通常以技术进步、社会创新能力的提高，以及由它们所造成的生产率的提高和经济结构的变动来实现的过程，但必须注意到这一提高的过程通常离不开高素质的人力资源作用的发挥。当高素质的劳动者努力迈向工作门槛的同时，较低素质的劳动者也会挖掘自身的潜力，学习新的理论、知识、技能，提高自身的综合素质和能力，寻找适合自己的工作岗位，或是与其他人一同竞争职位。当技术更进一步发展，要求更高素质的人才担当重任时，对人才的争夺也越来越激烈。因此，无论从不同素质的人对同一竞争岗位的争夺或是不同的用人单位对同一优秀人才的争夺来看，竞争机制的强化不可避免，但这种竞争应该是建立在提高整体人员素质的基础上展现出来的。其次，转变经济增长方式不仅涉及经济领域，而且涉及社会、文化等各个领域，这些领域的转变将伴随着各种矛盾的激化、复杂问题的产生，诸如下岗失业人员的大量激增、高素质人才的大量流失等等，处理这些矛盾、解决复杂问题则须在合理、合法的范围内进行，这必将带来一系列新的政策、法规的不断完善与健全，保护劳动者的合法权益，防止各类欺诈行为、弄虚作假行为的发生，而这又将为人力资源开发的不断发展提供一个更加良好的制度环境，人力资源开发的保护机制也将得到强化。

（二）对人力资源开发方式的影响

随着经济增长方式的转变，社会对人力资源的综合素质提出了更高的要求。人力资源不仅要具备相关的基础理论知识、技术创新能力、客观分析问题的能力、实践操作能力，还要具备团结合作能力、协调能力、抗压能力和适应环境的能力等等。这些客观要求迫使人们必须树立长期的、终身学习式的人力资源开发观念，不断地调整开发内容与方向，改变和更新自身的人力资源结构，以全面发展为宗旨，适应复杂多变的动态环境。

1. 对招聘的影响

经济增长方式转变的过程，从某种程度上讲，亦是注重人力资源的数量投入转变为质量投入的过程。反映在招聘方面，即是从选拔填补空缺职位的一般人员转换为选拔适合企业的优秀人才。招聘的人员数量不仅合理，质量也要有保证。这就意味着招聘部门的角色需要从政策宣讲者转换到招聘顾问，从简历筛选者转换到人才侦察员，从关注日常运作的行政专家和员工支持者晋升为企业战略性的人力资源伙伴和企业的变革代理。就具体工作而言，则是从纸质简历的筛选转化到电子简历的审查，从普通的面试环节转化到心理测评等新型方式的应用，从盲目引进人才转换到细致谨慎地提拔内部人才、录用外部合适人才，运用多种招聘手段、技术提高招聘的质量和效率，以优质高效的招聘水平助推企业人才储备体系的发展。

2. 对培训的影响

经济增长方式转变的过程，在某种程度上，可以看作是产业结构优化升级、产业技术创新的过程。随着科技的进步和产业技术创新的展开，新技术、新产品不断出现，形成新的产业部门和产业链，并带动传统产业升级，从而极大地提高资源配置效率和劳动生产率，推动经济增长，创造更多的物质财富，由此政府可以获得更多的财政收入，居民可以获得更多的可支配收入，这就意味着政府和居民的培训支付能力有了一定的提高，可以支出更多的资金来接受培训；社会各界也有更多的资金投到培训产业中来，推动培训的发展。

这种影响不仅表现在开发主体上，而且反映在内容上。转变经济增长方式过程中的高新技术的应用，使劳动构成的要素发生了变化，劳动资料（手段）的种类和形态越来越多样化，并向自动化、精密化、小型化、微型化、简单化方向发展；智能化、有声化设备在劳动资料中的比重日益增加。这一创新技术不仅是培训非常重要的内容，而且只有通过培训才能使人掌握，才能将创新技术转化成先进的生产力。这就要求培训逐步摆脱师傅教徒弟的固定模式，探索新型培训模式，在内容上逐步改变将理论传授与实践操作分割孤立，使受培训者不仅具有一定的专业知识和技能，具备必要的基础理论知识和素质，而且具备动手操作能力、实践应用能力，成为高水平、高技能的专才、全才。

3. 对就业的影响

首先，对就业机会的影响具有双重性。在经济增长方式转变的过程中，由于先进科学技术的应用，使得资本有机构成提高，生产单位产品所耗用的活劳动减少，必然是资本替代劳动力。如果被替代的劳动力不能被其他产业所吸纳，将难以避免产生一定的就业挤出效应。但这种技术进步或产业技术升级对就业的影响是结构性的。从行业来说，主要是传统行业；从人力资源来说，主要是劳动力素质较低的人群。劳动生产率与资源配置效率的提高，持续的经济增长与新兴部门、产业的兴起也将更好地吸纳就业，转变经济增长方式也产生相应的就业派生效应。具体表现在：①转变经济增长方式，需要推广新技术，这样就会引起原有生产部门分工细化，劳动生产率大幅提高，为扩大再生产提供更多的积累资金，从而为扩大就业规模提供了雄厚的物质基础。②经济增长方式的转变，使得因技术进步而出现的高生产率部门不仅自身不会损害就业目标，而且它们往往还会对低生产率部门产生一种有益的溢出效应。③经济增长方式的转变可以提高企业的经济效益，从而提高就业人员的收入水平。收入水平的提高，人们的需求结构和需求层次也会发生改变，进而形成对新产品的需求，这样就会产生许多新兴行业和部门，从而开辟出新的就业岗位。④经济增长方式的转变，使得技术进步的步伐加快，应运而生的新兴行业也越来越多，新的经济增长点增多，巨大的就业机会接踵而来。

其次，对就业形式的影响。一是随着增长方式转变过程中生产工具和工艺体系的不断革命，特别是自动化和控制技术装备的广泛采用，需要生产中脑力劳动者的比重，以及在劳动者的生产劳动中脑力劳动消耗的比重有明显的、急剧的增加，高新技术行业的从业人员越来越多，生产中技术人员、研究人员和熟练技工的比重日益增大；二是转变经济增长方式，推进了高新科学技术的应用，网络发达且速度增快，各种媒介物迅速发展，人与人之间联系的途径发生了巨大变化，一大批新的就业形态和就业方式被催生，移动办公、家庭办公、网上就业、弹性工作制等形式缩短了工作时间，极大地提高了工作效率，为用人单位和员工提供了双重便利。

最后，对利用效率的影响。经济增长方式转变的过程实质上是分工细化、产业集聚的过程。而在市场诱导机制的作用下具有相同技能的人力资源会从低效率的地区、产业、企业向高效率的地方转移，这种人力资源积聚，又会加剧人力资源之间的竞争，迫使他们不断进行自我投资，提升就业优势。社会分工的细化、新兴产业的形成为人力资源作用的发挥提供了不断拓展的空间，人力资源的利用范围随产业的发展而拓展，利用深度随产业发展而深入，利用效率随转变的速度而提高，利用效益也随结构优化而提高。

4. 对配置的影响

转变经济增长方式，要求人力资源的配置格局必须有所改变，人力资源的配置区间更需趋于平衡，其对职业、地区、国际、产业间的配置具有重要的影响，这主要表现在：首先，对职业间配置的影响。经济增长方式转变过程中的高新科学技术的发展和应用，使传统的机器发生了质变，人力资源由直接参加劳动变为对劳动过程进行调节控制，实现劳动过程的无人化，生产率大幅度增长，产业结构得到不断的调整、升级，人们更加倾向于服务性的工作。这种转变使人们逐渐抛弃原有的就业观念，为了寻找到适合自己的岗位，不断变换职业。其次，对地区间、国际配置的影响。经济增长方式的转变，促进了科技进步，产业结构不断调整升级，在这种变动之中，地区间、国家间的界限变得模糊，人们关注的不再是挫败竞争对手的利益，而是如何与竞争对手共存、共赢、共利，寻求多方合作与发展，为自身、为社会谋福利。各方人士，超越国籍、地区界限，在交流、合作、沟通过程中寻求人力资源的最佳组合与使用，这进一步促进了人力资源质量和配置效率的整体提升。最后，对产业间配置的影响。产业结构是国民经济结构中的基础性结构，它直接影响经济增长与发展的速度和质量。经济增长方式转变扩大了产业间的联系，产业发展从传统行业逐渐向新兴行业转变，第一、第二产业的比例逐渐下降，第三产业的比例逐步升高。对人力资源质量和效率的依赖决定了产业结构逐步向高级化演变。在这种产业高级化的过程中，就业结构也须随之向高级化演化，人力资源的配置逐步趋于合理。

5. 对激励的影响

转变经济增长方式催生的新兴产业，对高素质人才的需求越来越大，其不仅要面临随时变化的复杂环境，还要能够专有所长，解决突如其来的难题。这使得人才在社会经济生活中日益受到重视，高素质人才对激励的标准必然提出更高的要求，促使激励主体加大激励的深度与广度，创造新型激励方式，提高激励的质量和水平，使高素质的人才受到更加丰厚的待遇和更为人性化的关怀，这种激励机制的转变体现了科技创新、产业结构调整过程中对高端人才的渴望与关注。知识的增长、积累和更新的速度大大加快，人才的知识面、知识结构与传统人才相比有较大的变化，随之而来的必然是激励机制的大幅度转变。

（三）对人力资源开发路径的影响

1. 为人力资源开发提供市场引导

在实际工作中，"不对口"就业比比皆是，眼高手低、动手能力和实际操作能力差的人员大量存在，人员素质与就业岗位的裂痕越来越大。其原因在于人力资源开发不适应现有市场需求，不能紧跟经济形势的变化进行适当的调整，这意味着有效的市场引导机制和反馈机制的缺乏。经济增长方式转变所体现的产业结构的转变和科技进步的发展，产生了对人才素质变化的巨大需求，使劳动者不得不通过学习来提高自身的素质以适应就业的需要，迫使相关的人力资源开发机构调整开发结构和开发内容，以市场为"风向标"，充分利用现有的国内外资源，针对主导产业发展所需的人才，将经济效益和社会效益密切结合，采取请进送出、区内外以及国内外的校际合作等多种方法，提高培养人才的市场化程度，与市场节奏密切保持一致，保障人力资源的个体和集体素质和能力的开发的实施力度。

2. 修正人力资源开发的发展路径

人力资源开发是针对人的活动能力的提高所进行的一种过程，具有一定的发展路径可循。遵循正确的发展路径前行，人力资源开发会得到事半功倍的效果，继续前行会步入良性循环的轨道；偏离正确的发展路径前行，就会陷入恶性循环不能自拔。对人力资源开发路径的检验，从本质上来说，即要看其对社会、经济的影响如何，是否取得了预期的经济效果。经济增长方式的转变过程，既是一个经济增长的实践过程，也是经济效果得以显现的检验过程，它审视了人力资源开发的招聘、培训、配置、使用、激励的各环节是否与经济增长的现实相吻合，是否结合各国、各地区的经济发展的实践而有所改变，是否是一种权变的开发模式。适应经济增长，为经济带来实效的人力资源开发模式会被保留并得到进一步的发展，而忽略经济实践的检验一路孤行的开发模式终将被淘汰。这体现了经济增长方式转变过程对人力资源开发的发展路径进行不断修正的正统功效，也变相地推动了自身转变的进程。

总之，没有经济增长方式的转变，人力资源开发工作很可能会失去目标，同时没有转变经济增长方式带来的经济、社会效益，人力资源开发工作也会缺少一个巨大的推力，其进程必将受到限制。

第二节 人力资源对经济增长的作用

在社会发展的不同阶段，各种要素资源对经济发展的贡献不同，人们对各种资源的认识程度也不同。

一、不同要素资源对经济增长的贡献及局限性

不同生产要素资源在经济增长中的作用各不相同，经济增长离不开各种生产要素的支持。区域经济发展与自然资源要素有着密切的关系。自然资源固然十分宝贵，并且对于经济发展不可缺少。但是，只有当它们变成对人类具有现实意义的价值，能够直接为人类所利用时，才能成为经济资源。如果没有大量的资本设备投资，绝大多数

自然资源很难得到利用。拥有丰富的自然资源的不发达国家所面对的严重困难仍然归结到资本的短缺上。

产业革命之后,技术的突进、资本的崛起、生产力狂飙式的飞跃、世界市场的形成、各国经济实力对比的重组和分化,都使人们认识到资源对经济发展起着十分重大而又各不相同的战略作用。人们要追求生产增长,追求经济发展,就不得不投入数量更多、质量更高的资源。资源无疑对经济发展起着决定性的推动作用。但是,在一定历史条件下,人可能掌握的资源却是有限的,相对于人的需要和人的生产而言,资源总是稀缺的。

长期以来,人们一直认为,决定一个国家是否发达的最重要的因素是资本;认为现代所有高度发达国家的经济增长都是在工业、农业、交通运输和其他产业,特别是尖端产业上投入了巨额资本,它们的发展不得不依赖于自身资本积累的速度和发达国家对它们进行资本援助的程度。

至于人力资源的作用,人们的看法经历了一个变化发展的过程。过去很长一段时间内,人们一直认为人力资源是经济发展的一大辅助力量。这也就是说,与资本资源和自然资源相比,人力资源处于相对次要和辅助的地位上。特别是大多数发展中国家面临着存在大量非熟练劳动力和人口高增长的双重困难,使得人力资源在这些国家几乎不被看作是经济发展的动力,而被看作是社会的包袱。

但是,20世纪以来,尤其是第二次世界大战结束以来,现代发达国家的社会经济生活中出现了一个明显的新趋势,那就是资本资源和自然资源的经济收益日益下降,而人力资源的经济收益日益提高,并且明显地超过了资本资源和自然资源。同时,经济发展对人力资源的要求越来越高。据此,越来越多的经济学家、社会学家,甚至政治家都开始认识到,社会经济进步和发展的真正的动力和源泉是人力资源。

二、人力资源在经济发展中的特殊作用

人类经济的发展可以说经历了三个阶段,即农业经济、工业经济和知识经济。人力资源的三个层次正好满足了人类经济发展的三个阶段对人力资源的需求。

农业经济中对人力资源的需求停留在初级阶段即体能需求阶段。由于人类生产能力很低,社会经济增长的主要源泉是劳动力的多寡和自然资源的丰歉,强健的体魄是战胜自然、获取物质生产资料的基本条件,初级层次的人力资源就可以满足生产力对生产关系的需求。

工业革命的来临,使大量的机器应用到生产当中,机械设备成了延伸体力的工具,极大地提高了对劳动者技能的要求,生产力水平的提高使社会对人力资源要求进一步提高,像原始社会那样仅具有体能的人已经不能满足整个社会对劳动者的素质要求。

人们除了体能之外，还必须有一技之长，具有一定的技能，能够熟练操作运用大机器。工业经济社会对人力资源的需求停留在第二个层次上。

现在我们已经进入知识经济时代，对人力资源的需求层次的提高以第三层次为主。知识经济是智力经济和人才经济，以生产、分配和利用知识与信息为基础，以科技为核心构建生产力系统，经济发展主要靠知识推动，知识的生产、扩散、转移和应用成为知识经济的重要环节，而这些环节是围绕人力资源"智能"这一核心进行的。科学研究表明：人的体能、技能与智能为社会所创造的财富与价值比为 1∶10∶1000。

按照世界银行提出的《1990年世界发展报告》及其分类标准，我们在"高""中上""中下"和"低"发展程度的国家、地区中分别选择典型，进行人力资源状况的对比。从这项统计中，我们可以明显看出，一个国家的经济发达程度与这个国家的人口平均预期寿命、各等级学生入学率，特别是中、高等教育普及率，以及医务和护理人员的数量具有明显的正相关性。而人口平均寿命、教育和医疗保健等指标恰恰反映了一个国家的人力资源质量水平。这也就证明了经济发达程度与人力资源质量的明显正相关。

为什么人力资源的质量成为经济增长的决定性因素？

对于发达国家来说，它们已经拥有了大量的实物资本和资金储备，其自然资源也已经得到了比较充分的利用。今天，它们追求新的资本和资源的难度越来越大；同时，新的资本和资源的获得，也越来越需要依赖于科学技术知识的力量，越来越需要依赖于具有先进的现代生产知识和技能的劳动者本身的努力。因此，在这些国家，经济增长的主要途径是寻求劳动者技能水平的继续提高和科学技术知识在生产领域中的进一步应用。

对于发展中国家来说，不断增加资本资源的投入，同时开发和利用更多的自然资源，对经济增长起到的促进作用肯定会远远高于发达国家。但是，这些国家的发展历史却表明，单纯寻求更多的资本和更多的资源，并不是一条真正切实可靠的发展道路。这是因为，一方面，任何资本和资源在现实的生产活动中发挥作用的过程，都离不开与之相应的劳动者的技能和科学技术知识的运用。另一方面，更多的自然资源的开发和更多的资本资源的取得，同样需要科学技术的应用和具有相应知识技能水平的劳动者的努力。没有与经济发展相应的科学技术和知识技能，发展中国家就根本无法有效地利用它们可能获得的极其宝贵的资本和有限的资源。

在现代经济增长中，无论对发达国家还是发展中国家来说，劳动者的平均技术水平和劳动效率，以及科学技术知识的储备和运用都是关键的因素。而这两个因素都不是可以独立存在的，都需要通过人的素质来体现，通过人的活动来发挥。换句话说，他们都要通过人力资源作为载体。因此，人力资源及其开发就成为生产发展和经济增长的最重要的因素，也是社会进步的一个前提条件。

一个国家或地区人力资源绝对量和相对量的大小，以及人力资源数量的变动趋势，是反映这个国家或地区经济实力或者潜在的经济实力的重要指标。传统的经济学和人口经济学理论认为,在一定的人力资源质量条件下,人力资源数量越丰富,对经济发展越有利。这种理论是基于一种基本假设:一个人一生创造的财富总是多于其一生消费的财富。我国人力资源理论研究中长期流行的人"手"功能大于人"口"功能的观点,就是这种理论假设的代表。

缺少人力资源,社会经济活动将无从谈起,经济发展无法保证。据世行测算,在依靠教育普及、知识扩展、技术等带来劳动者素质提高而形成的人力资源这种生产要素增长对经济增长的贡献作用中,发达国家为49%,发展中国家为31%。由此可见,在经济增长中,人力资源的贡献毋庸置疑,对于经济起飞的中国而言,人力资源更具有特殊的现实意义。

第三节 粗放型经济增长方式下的人力资源开发

一、我国粗放型经济增长方式的特征

(一)生产要素的投入和使用效率

1. 盲目投资,低水平重复建设层出不穷

长期以来,地方政府受国内生产总值政绩观的影响,把增加投资作为经济快速增长政绩的主要手段,投资饥渴症与过度投资现象长期普遍存在,同时地区之间互相攀比效应,大大增加了地方投资量并提高了其增长的速度。大规模、不间断的投资成为支持中国粗放型经济增长方式的重要因素。用于企业的固定资产投资和工业生产企业的贷款,一直呈直接上升趋势。自1978年以来,我国的投资率一直在34%以上运行,2003年甚至高达43%,已大大超过经济学界所公认的25%的上限。靠一味地扩大基建规模维持产值的高速增长,必然是物质消耗占总产值的比重也呈直接上升趋势。

过高的投资率不仅使生产能力严重过剩,而且使投资方向具有严重的趋同性,重复建设现象严重,而且许多是形不成生产规模的重复建设项目。钢铁、彩电、洗衣机、电冰箱等项目的大量引进、重复引进,是众所周知的事实。根据工业普查资料的分析,我国企业平均规模与经济规模相比显著偏少,26种代表产品,其企业的平均规模占经济规模比例在25%以下的为77%。与此同时,高水平重复建设大量存在。中国社会科学院的一份资料显示,在各省市"十五"高新技术产业发展规划中,集成电路产业的同构性达35%,纳米材料的同构性为48%,应用软件系统的同构性为42.5%,计算机网络为59%,软件产业为74%。华东地区高新技术产业的布局更是集中在电子信息、光机电一体化、新材料、生物医药工程等领域。这种高水平重复建设浪费更大，进一步阻碍了产业结构的调整升级。

2. 劳动生产率低下，产品竞争力弱

当今世界，只有具备一定的经济实力，才能在激烈的国际竞争中占有一席之地。中国能够融入世界发展的大潮流中去的一个重要原因就在于其具有资源禀赋优势——劳动力资源相当丰富，这使我国的一些劳动密集型行业得到了较快发展。劳动密集型产品如衣服、鞋帽、玩具等的大量出口，为国家赚取了大量的外汇，有力地支撑了中国高速经济增长。但是，不容忽视的严峻事实是，我国出口商品大多为低附加值、低技术含量的劳动密集型工业制成品，其劳动力成本低廉，市场容易进入。国务院发展研究中心贡森为研究我国劳动力成本的国际竞争力，曾选取两类国家（地区）作为参照：一类是我国主要的外商直接投资来源地和主要的贸易伙伴，包括美国、德国、日本、韩国、新加坡；另一类是我国吸引外资和出口的主要竞争对手，包括印度、印尼和墨西哥。

3. 资源过度消耗，生态环境破坏严重

任何一种活动，至少都有两种输入和两种输出，即资源输入、控制输入、有用输出以及排放输出。

对于粗放型增长来说，依靠的是大量资源的投入。于是除了有用的输出之外，必然伴随着大量的废物排放，破坏生态，污染超过了大自然的自净能力，形成了高投入、高消耗、高排放、不协调、难循环、低效率的特征，增长难以为继，可持续发展无从谈起。目前我国人均耕地占有量为世界平均水平的40%左右，随着工业化和城市化的推进以及人口的增加，还有其他原因，人均耕地还将减少；我国人均淡水资源占有量仅为世界平均水平的1/4，且时空分布不均；目前600多个城市中已有400多个城市缺水，110个严重缺水；我国人均占有的石油、天然气和煤炭资源储量分别为世界平均水平的11%，4.5%和79%；45种矿产资源人均占有量不到世界平均水平的一半；铁、铜、铝等主要矿产资源储量分别为世界平均水平的1/6，1/6和1/9。随着我国经济总量扩大，在传统的增长方式下，对原油、煤炭、钢材、水泥、木材等其他重要初级产品消耗速度大大高于经济增长率。资源的过度消耗还对生态环境造成了极其恶劣的影响。2003年，我国工业和生活废水排放量为680亿吨，废水中化学排放1 334万吨，居世界第一；二氧化硫排放量2 159万吨，居世界第一；二氧化碳年排放量仅次于美国，居世界第二；全国七大水系38%的断面属五类及劣五类水质，90%流经城市的河段受到严重污染，大部分湖泊富营养化问题突出；近岸海域污染面积仍在扩大，赤潮灾害频繁发生；酸沉降、光化学烟雾、细颗粒物已经在城市密集地区构成严重的区域性污染。全国水土流失面积356万平方公里，占国土面积的37%；沙化土地面积174万平方公里，且有扩展之势；退化草原面积已占草原面积的90%。转变经济增长方式已到了刻不容缓的地步。

(二) 经济增长的速度和社会效益

1. 失业型经济增长的存在

改革开放以来，中国经济发展取得了巨大成就，经济增长一直处于非常高的增速之中，2001到2005年我国GDP增长速度分别为：8.3%、9.1%、10%、10.1%和9.9%。经济快速增长的同时，实际就业却没有出现相应的增长，就业弹性呈逐年下降趋势。据国家劳动和社会保障部莫荣介绍，20世纪80年代我国的GDP就业弹性系数为0.303，90年代为0.104，21世纪前5年就业弹性系数为0.105。可以说，中国的经济增长表现为"失业型增长"。而这主要是因为粗放型的经济增长方式偏好于有短期物质效应的固定资产等有形物投资，而忽视为人们提供高质量生活水平和方便快捷的第三产业的发展，这使得我国第二产业的比重过高，第三产业比重偏低。2006年，我国第二产业占GDP的比重为48.9%，第三产业仅为39.4%。第三产业发展的严重滞后，阻碍了其有效增加劳动力需求作用的发挥，使得经济增长的就业效应越来越小，对就业的拉动作用较差。

2. 居民收入差距悬殊

我国粗放型经济增长模式片面追求经济增长，盲目进行物质财富的扩张，忽视人们物质文化生活水平的切实提高和人民生活质量的增长，社会效益较差，城镇居民和农村居民之间、地区之间、行业之间等的差距显著。这主要表现在：

（1）我国收入差距的总体状况

改革开放后，我国居民的收入出现差距，并有拉大的趋势，基尼系数呈现不断上升的趋势，中国收入差距的基尼系数超过国际公认的0.4的警戒线，进入了分配不公平区间。

收入分配差距的不断扩大，不仅体现在国内收入差距状况的纵向比较上，而且也体现在与其他国家的横向比较上。

与高收入国家相比，中国的收入分配差距与美国相似，高于日本、德国、英国、法国、意大利、加拿大、澳大利亚；与中等收入国家相比，中国的收入分配差距虽然低于墨西哥、马来西亚、南非、巴西，却高于土耳其和俄罗斯；与低收入国家相比，中国的基尼系数高于大部分亚洲邻近国家。

另外，按经济发展所处阶段来比较，也可看出我国收入分配差距拉大的状况。目前，我国的人均GDP是1 000美元，而世界其他国家经济发展水平处于1 000美元左右时的基尼系数分别是：东欧为0.289，南亚、东亚和太平洋为0.381，中东和北非为0.380，拉美和加勒比地区为0.493。可见，按经济发展水平所处的阶段来看，中国的收入分配差距也明显偏高。

（2）城乡居民收入分配差距

在总体收入差距扩大的状况下，我国城乡间居民收入差距始终在不断地变化，总体呈现扩大化的趋势；其间又经历了先缩小、再扩大、又缩小、又扩大的四个过程。

（3）地区差距

我国地域广阔，自然环境、经济基础等差异很大，是一个经济文化发展很不平衡的大国。

（4）行业差距

改革开放之后，行业之间职工工资差距经历了先缩小后扩大、再缩小再扩大的发展过程。现阶段，行业收入差距呈现越来越大的趋势。

可以看出，粗放型经济增长给国民经济的发展和人民生活水平的提高造成了严重的障碍。现实表明，尽快转向集约型经济增长的道路，既是历史的选择，也是一项迫在眉睫的任务。

粗放型经济增长的战略重点是一种偏重于劳动密集型的进口替代战略，物质生产资料的匮乏和在科技水平方面的落后，决定了这种战略必然偏重于重工业的优先发展，以及对人力资源这种具有比较优势的资源的依赖，尤其是数量投入的依赖。在此种依赖的背后，决定了我国现行的人力资源开发模式必然是一种有限的、静态的开发模式。

在这种模式中，在招聘方面，从教育机构毕业的人力资源自行进入劳动力市场，通过劳动力市场反映的信息，到用人企业进行面试，符合条件的则可留下；企业也通过校园招聘的方式，直接到校园里选拔人才，达到录用要求的，当即签订用人合同。但是在招聘的过程中，招聘理念、招聘依据、招聘程序、招聘方法和技术、招聘人员素质等方面存在着相当大的问题。在培训方面，企业对内设的培训机构提供资金支持，由培训机构提供培训活动，提高员工的素质。当然，这种培训的投入资金非常有限，而且培训的内容十分单一。在人力资源配置方面，市场机制在配置过程中的基础地位和作用不断加强，但还远未发展到相当完善的程度，人力资源配置渗透着计划经济体制的影响，人力资源市场主体残缺，市场整合缺失，相关制度不健全。在此种配置方式下，人力资源大量闲置，没有得到有效合理地运用，效率低下。同时，企业运用工资、奖金等物质形式和晋升激励、声誉激励等精神激励方式去调动员工的积极性，但激励的效果十分有限。

二、人力资源招聘

近年来，全国各地招聘人才的场所如雨后春笋般地大量涌出。但是招募和甄选过程中经常出现的结果就是企业苦于招聘不到人，或者招聘来的员工不适合本企业的岗位，或是留不住招聘来的人。下面从招聘理念、招聘依据、招聘程序、招聘方法与技术以及招聘人员五个方面来简要说明我国企业招聘的整体现状。

1. 招聘理念

招聘理念是指导企业整个招聘过程和活动的思想，确定一个好的招聘理念对设计和组织高效的招聘工作有重要的作用。当前，很多企业在招聘理念上还存在着一些误区，这直接影响了企业招聘的有效性。

（1）招聘者的"过分推销"行为

在招聘中，很多企业为了能够吸引申请人，在招聘材料中，倾向于夸大其词，例如夸大企业实际状况，许下无法实现的诺言等。应聘者感觉找到了属于自己的企业，信心满怀地加入工作。待进入企业后，发现事实远不如自己的预期，灰心失望，无法安心工作。失望之余，他们可能降低工作绩效，并选择适当的时候离开企业，这对企业、个人都造成一定的损失。

（2）对应聘者的歧视现象严重

就业歧视问题主要表现在受歧视者在受聘机会及受聘条件相同的水平时，不被聘用或以较低的水平聘用。由于相貌、身高、身体缺陷等等原因，就将应聘者拒之门外，这样的事例常常见诸报端。可以说，对待应聘者的控诉，招聘方自有一番说辞。虽然法律上有明确的禁止性规定，可非公平性待遇仍时不时地发生在众多应聘者身上。就业歧视已经成为严重的社会问题，引起了社会的广泛关注。

2. 招聘依据

（1）招聘计划不完整

任何一种活动都需要周密的、详细的计划，才能保证其顺利实施，招聘亦如此。作为招聘工作的领头军，其贡献不可小觑。它保证了招聘行为的科学性与完整性，为整个招聘工作奠定了坚实的基础。一般情况下，企业招聘工作中出现的失误大多是由于缺少企业的人力资源规划和招聘计划造成的。很多企业在招聘前，缺乏对本企业的长远发展的考虑，缺乏系统的人才分析、市场环境分析、竞争对手分析、本企业的经济状况和岗位真实需求分析，缺乏系统思考，更缺乏完整的指导性招聘计划。他们关注的焦点在于何时填补人员空缺、如何填补人员空缺，主观决策占据着主导地位。这种盲目地引进人才以满足企业短期发展需要的做法，看似一种及时、敏捷的行动方案，实质上很可能处于即刻崩溃的境地，人岗不匹配，人才误用、错用、乱用等问题时有发生，客观上造成了人才的配置失衡与低效率，极大地损害了企业自身的利益。

（2）招聘标准欠科学性

许多企业招聘甄选的标准主要是看应聘者的学历、学校成绩和以往的工作经历，注重考察人员的外显特征，即教育背景、知识水平、技能水平和以往的经验，据此预测一个人工作成功的可能性。这些特征容易衡量，但缺乏对人才结构的整体思考，往往会导致一些具有高学历、一大堆证书的员工，在实际工作中却表现平平，或选拔出的知识丰富、技术能力较强的人不能胜任工作的困境。招聘标准的不完善、不科学，人员选择就会出现困难，甚至出现难以预计的微妙的无法挽回的后果。适合于企业的人才从所谓的招聘审核过程中"溜走"，投机取巧或不努力工作的人员可能会浑水摸鱼进入企业，不适合企业的人才也会降低工作岗位的效率，归根结底，损失最大的仍旧是初始工作没有完善的企业本身。

3. 招聘程序

招聘程序作为由众多链环组成的系统链环在整个招聘工作中发挥着至关重要的作用。每一个链环与另一个链环的成功衔接，决定了招聘工作系统有效的运行，否则，招聘活动只能流于形式，阻碍了其他活动的顺利实施。在我国，从大多数企业的招聘实践看，多数企业招聘程序中都缺乏重要环节。例如有些企业，认为招聘工作就是收集、筛选简历，面试，把人员安排到企业的空缺职位上，对相应岗位只有简单的招聘要求，而没有明确量化的工作说明书，忽略了招聘的准备工作。而且很多企业在招聘计划、招聘实施上往往声势浩大，但是一旦招聘结束，招聘管理工作也就随之而结束，忽视评估环节。例如，没有对招聘开支与收益是否合理进行分析；招聘成本尚未得到足够重视，即使核算，方法也过于简单，使得计算结果很难说明问题；很少对招聘中的成功得失进行总结研究，没有能起到招聘评估管理的审计以及建议的作用，等等。合理、规范的操作流程的缺失，无疑在企业寻找合适的优秀的人才的道路上设置了重重阻碍，人才匹配不当、工作效率低下等问题随处可见。

4. 招聘方法与技术

近年来，企业采用多元化的招聘渠道（报纸、网络、招聘会等），并用多种甄选方法。但是，就西方国家采用的评估中心、心理测评等现代甄选方式而言，中国企业较少采用。

5. 招聘人员

在招聘过程中，招聘人员的素质直接影响到招聘的质量，招聘者的表现将直接影响着招聘中企业形象的树立。因此，招聘人员的选择、搭配和组织是一门艺术，需要企业去慎重考虑。目前，我国仍然没有专门的从事招聘的专业化的岗位，也没有设立招聘上岗专业证书，导致各种各样的人员从事招聘工作，由此产生了许多本可以避免的招聘问题，重要原因在于招聘人员缺乏应有的专业素质，还不能真正坚持客观、公正、公平的思想进行招聘工作。他们对个别测试、测评方法掌握情况还比较薄弱，大多凭借自己的经验感觉从事招聘工作，带有明显的随意性，而且会自觉不自觉地陷入一些心理误区，这严重影响了招聘效果，也毁损了企业自身的形象。

三、人力资源培训

1. 培训对象

粗放型经济增长条件下，对人力资源数量的依赖决定了培训对象主要是处于生产一线的普通员工，用人单位仅仅关注近期目标，视野集中于非管理人员现有岗位的知识和技能，提高员工的生产效率和产品质量，追求企业利润的增长。

2. 培训投入

企业对培训的认识不足，培训投入很低。有些企业管理者认为选择"来之能战"的员工比培训员工更为重要，还有些企业视培训为成本，另有一些企业认为培训是在为竞争对手培养人才，员工学成了就会跳槽，对培训缺乏信心。据统计，我国逾千万家的企业经营管理人员，每年培训量不足1%，我国大中型企业每年投入再学习的最低支出还不足公司薪资总额的0.5%。南京大学赵曙明教授调查研究发现，国有企业中30%以上年人均培训费用在10元以下；20%左右企业在10~30元之间；大中型国企每年人均脱产培训时间为18小时，若扣除每年送入前往干部管理学院进修、读MBA班所用的时间，国企人均培训时间仅为5.6小时。此外，各种类型企业对培训也有着不同的处理方式，有的放弃了培训，有的名义上实行培训，实质上却忽视了最有力度的培训。对培训的错误认识导致了培训投入很难走上扩展化的道路。

3. 培训目的

企业培训目的单一，即为了使员工适应企业当前的需要，适应机器等生产工具的操作需要，以达到提高生产效率、实现利润最大化的目的。

4. 培训内容

一些企业在安排培训内容上仍然比较狭窄，不能根据企业长期发展来开展内容广泛的培训，很少做到全面、准确地从素质要求、知识结构和能力出发来制定培训内容，将培训的功能定位于单一的基础理论知识与操作技能的传授，多实行一般性培训，如操作技能、党员干部理论学习、职工时事政治教育等等，而对于培训在其他方面的作用认识不足，导致企业重视知识和技能培训，侧重于制度要求，而忽视了共同价值观的建立与融汇。这些缺乏相当的灵活性、创新性与适应性的培训活动往往流于形式，既非与企业经营实际紧密联系，又非与员工个人发展紧密结合，没有发挥应有的培训效果。

5. 培训方式

培训方法少而简单，多为课堂教学、车间实习、师傅带徒弟的方式。这些培训方式，因师父、教师有异，随意性、局限性较大，培训效果也因师资素质、方式、时间等因素影响而悬殊。有的成员长期接触不到高水平的师父传授，技术与技能的提高非常缓慢，难以处理难度大的生产问题；有的成员被经验主义所束缚，不思改进，面对新技术、新设备、新情况便束手无策；有的成员接受的是貌似正确其实有错的技能传授，遇到特殊情况便会"露馅"；有的成员"实习"的时间已经很长，在"老师"想要退出"教学"领域时，发现"学生"仍然是进展全无，一出现问题，立刻需要"老师"出马。长此以往，"老师"会因愈来愈熟悉企业的情况而更有效率地解决问题，但是"学生"解决问题的能力却退化了，或者说根本就没有形成。因此，这类培训对企业的管理、生产运作产生了许多不良影响，削弱了企业的市场竞争力。

6. 培训流程

大多数企业缺少规范的培训流程，缺乏程序化、系统化的制度，不能根据企业、员工的实际情况进行培训需求分析、培训活动策划、培训效果评价等各项工作。譬如有的企业培训过程缺乏针对性，盲目跟风式地进行大面积培训和高学历培训，浪费了经济资源；有的企业只用办了多少个培训班、培训了多少人次来表达培养效果，把手段（培训）当成了目的（提高效益），使企业培训收效甚微。

四、人力资源配置

在经济高速增长依赖大量人力资源数量投入的背景下，市场机制在人力资源配置过程中的基础地位和作用不断加强，但还远未发展到相当完善的程度，具体表现在以下几个方面：

1. 人力资源市场主体残缺

改革开放前，人力资源配置主要依照国家的总体利益，以计划为主要手段，而不是根据个人的经济理性和以市场需要为转移，造成人不能尽其用、配置不合理的现象。改革开放后，尽管我国已经初步确立起社会主义市场经济体制，但计划经济体制虽然"功成"但并不甘于"身退"，对人力资源配置依然具有非常强大的影响，严重制约了人力资源市场的建设步伐和治理失业的成效。具体表现在：作为人力资源市场的需求主体，用人单位缺乏完整的人事权；作为人力资源市场的供给主体，人力资源缺乏市场意识，当就业预期无法实现时仍不能或不愿根据市场行情及时做出调整，显示出缺乏市场主体应有的理性。

2. 人力资源市场整合缺失

目前，由于城市与农村之间，东、中、西部地区之间，行业之间存在着明显的收入差距，人力资源市场也随之存在城乡分割、地区分割、职业分割等情况，它们对人力资源就业产生了不利的影响。许多人宁愿失业也不愿意去农村、中西部地区或从事待遇较差的职业。这种不同程度的分割状况，间接地影响了产业结构、地区布局、行业分配等等，市场机制在调节人力资源配置上的盲目性、滞后性以及个人所掌握信息的不完全对称性，导致人力资源在配置上的严重不均衡，人力资源市场化配置的弱点和缺陷日益显现，阻碍了人力资源市场制度整合的进程。

3. 相关制度不健全

从我国目前的劳动力市场来讲，除了在市场规模、市场管理、服务方式、市场规划等诸多方面不能适应改革的需要外，一个特别值得重视的问题就是由于城镇就业压力的增大，一些地方政府靠行政手段人为地分割市场，给人力资源自由流动，特别是给农村剩余劳动力转移设置许多障碍，绝大多数农村劳动力及其家属不能得到城市永久居住的法律认可，其迁移只能是暂时性的或流动性的。与此同时，附着在户籍制度上的社会保障问题十分明显。城乡分割的二元社会保障体系将城镇非单位从业人员、广大农村从业人员、失业人员和非从业人员都排除在覆盖范围之外，公有经济与非公有经济部门、公有经济部门内部、机关事业单位与国有企业之间存在明显的保障不平衡，保障资金的统筹层次较低，社会保险费的征缴和发放在不同的地区存在着较大的差别，全国统一的社会保障制度亟待建立。此外，现行的法律法规与真实情况不相适应，需要进一步的健全和完善，城乡之间的资源供求信息网络建设滞后，政府的有关职能部门和社会信息服务机构还不能够对流动性人力资源的供应和需求状况进行全面的了解和掌握，不能根据城市的特点和农村剩余劳动力的状况进行预测，合理指导资源的流动。这些状况从各个侧面共同阻碍了人力资源的科学高效的配置，削弱了市场在人力资源配置中的基础性作用。

五、人力资源使用

1. 人力资源的使用效率不高

据第五次人口普查数据，2000年中国的平均在业率为73.8%，其中男性为80%，女性为68%，在世界各国中均处于高水平。我国城镇登记失业率与发达国家和大部分发展中国家相比也是比较低的，2006年为4.1%。从表面上来看，这一结果仍然是令人欣慰的，也就是说我国的就业率相对较高，即人力资源的使用效率较高。但是，我国失业的严重局面被下岗职工、隐性失业人口、农村剩余劳动力等诸多因素所掩盖，真实情况远远超出城镇登记统计情况。大量人口失业，说明我国劳动参与率高但人力资源的含量不高，实际失业率较高而实际就业率不高，即整体的人力资源开发利用程度不高，几亿人力资源严重处于闲置和浪费的状态。

2. 人力资源流失严重

在国际移民大潮中，中国现在是全世界人才外流最严重的国家之一，而且为此付出了高昂的代价，因为在改革开放后出国的移民中，留学人员、知识型人才占很大比例，在海外的中国内地专业人才估计超过了30万人，许多是受过良好教育的精英，北大有些科系的学生76%移居美国。中国人事部的最新数据也显示,从1978年改革开放至2006年底,中国出国留学人员总数达106.7万人,留学回国人员总数达27.5万人,其中,2006年回国人员总数为4.2万人,比2005年增长21.3%。而且,人才外流仍在继续。众多高素质人才流失海外,给我国经济建设显然造成了不可计数的损失。

六、人力资源激励

粗放型经济增长方式下,物质激励和精神激励及其之间的关系问题没能得到正确的处理,极大地影响了激励的效果。

(一)物质激励

1. 平均主义

新中国成立后,政府为实现工业化战略,在收入分配体制设计上同样运用行政机制进行原始资本积累,因而"高积累、低收入""高投资、低消费"、强制性、集中性和单一性非常明显,平均主义盛行。改革开放后,我国实行了以劳动评价为基础的基本工资制度和灵活多样奖励相结合的分配形式,但是,一方面按劳分配还是比较重视按劳动数量而不是主要按劳动质量分配,另一方面在报酬上没有把创新性劳动与一般劳动相区别。平均主义不仅远未从经济领域被"驱逐"出来,反而在新的条件下,以新的形式更加顽强地表现出来:普遍的浮动升级、固定工资比例的不断增大等现象的存在,使得工资分配制度改革名存实亡;各种奖金名目繁多,一次性奖金和单项奖金两项合计已大大超过了经常性生产奖金;一些单位想方设法发放各种具有生活费补贴性质的津贴,原本针对性较强的津贴变为几乎人人有份的福利,平均发放。平均主义撇开人们的劳动贡献,不论是脑力劳动还是体力劳动,也不管劳动的复杂程度、熟练程度和繁重程度,一律都给予同样的报酬,起着奖懒罚勤、奖劣罚优的逆向激励的恶劣作用,劳动者的生产积极性被严重挫伤,人们的主要精力不是放在如何提高自身素质和多做贡献上,而是放在如何索取和如何均等上,造成激励机制的缺失。

2. 工资水平持续偏低

粗放型经济增长方式注重要素的过度投入,通常表现为经济过热,按照经济学家托宾的观点,经济过热时,实际工资水平是下降的。

一方面,国内生产总值与工资总额保持了平稳增长。另一方面,我国的实际工资总额在GDP中的比重却逐年下降,这意味着劳动收入以外的非劳动收入的增加,两种收入的不平衡使得收入差距拉大,高、低收入群体间存在着消费断层,一部分人的需求远远没有满足,另一部分人的需求却难以支撑产业的发展,产业结构调整遇到了极大困难,这进一步阻碍了粗放型经济增长方式向集约型经济增长方式的转变。

3.对企业经营者激励形式较单一，激励效果有限

鉴于企业经营者作为经济发展的不可缺少的推动力量，这里单独予以说明。目前企业经营者的经济激励形式仍较单一，与经营者的实际期望仍有较大的差距。

这种奖金激励机制从表面上看，确实起到了激励经营者努力工作的目的。但实质上，很多经营者背离了所有者对他们的要求，将短期高额的经济利益视为自己的追求目标，忽视了企业的长期发展，努力工作的背后带来的是对企业长期利益的损害。这种激励方式显然不能发挥最适当的激励效果。

此外，由于缺乏科学的考核体系和成熟、健全的证券市场，经营者人才市场缺位、约束监督机制不健全等，人为干扰因素过多，领导班子之间的"内耗"和隔阂、瓜分国有资产和推进私有化等问题相继出现，使得年薪制、股权制等制度的激励效果也很有限。

因此，总体来看，我国对企业经营者的激励空缺与激励失效同时并存，还未真正建立起与企业绩效相挂钩的、激励经营者努力经营的激励制度。

（二）精神激励

1.对员工精神激励的问题

目前，对员工实行荣誉激励、晋升激励、职业发展激励、竞争激励等形式，奖励的员工起初获得了极大的激励作用，久而久之激励作用呈现效益递减的趋势，这主要在于诸多问题频繁出现，例如对员工的精神奖励面过窄，奖励的程度过小，管理体制僵化，用人非所长，论资排辈，片面追求证书和学历，对上岗评议的结果较难正确反映竞争人员之间能力的大小、水平的高低而更多体现人际关系的好坏，任职标准模糊等，员工无法体现个人的真实价值，工作的积极性大大降低，激励的效果事倍功半。

2.对经营者精神激励的问题

对经营者主要采取了职务激励、声誉激励、权力激励等形式，这些形式一方面产生了巨大的激励力量，使企业效率的提高甚为迅速；另一方面，也产生了许多负面效应，例如，资本权力化现象导致企业战略的重新调整，企业经营业绩的持续性受到影响，对企业家资源的浪费，短期化倾向，等等；受行政选聘机制的诱导，企业家把经营企业作为寻求政治资本的途径，客观的声誉评价机制缺失，与经济激励脱钩；内部人控制导致对经营管理人才的必要约束的缺失，企业家的行为偏离所有者利益最大化的需求，等等，极大地影响了激励的效果，阻碍了企业的良好发展。在物质激励和精神激励实施的过程中，两者关系问题没能得到重视。有的企业过分强调物质激励，忽视精神激励；有的企业则一味强调对人精神动力的刺激，忽视了人对经济利益的追求，使得短期行为和低效工作行为泛滥，适度而行之有效的激励没能发挥其应有的作用。

第四节　集约型经济增长方式下的人力资源开发

一、集约型经济增长的特征

在集约型经济增长方式中，经济增长是目的，集约化是手段，集约化服从、服务于经济增长。由于经济效率水平的提高和集约化程度的无止境，所以，经济集约化也表现为一个永不间断的动态过程。这是一种低投入、低消耗、高产出、高效益、增长代价较小、增长的质量和效益较高的增长方式。

（一）生产要素效率

集约型经济增长侧重提高稀缺资源的使用效率，特别是提高那些稀缺程度高的资源的使用效率，从而最大限度地提高经济效益。同时，要节约某种资源，提高这种资源的使用效率，就需要多投入其他资源，即用较多的丰富资源或稀缺程度较低的资源与较少的稀缺程度较高的资源进行配置，以改善生产要素的组合，减小生产经营受到的资源稀缺的制约，提高各种资源的综合效率，降低产品成本，提高效益，促进经济的良性发展。

（二）企业制度

集约型增长方式下，企业制度将发生较大变化。首先，企业不再是传统意义上实现经济增长的机器，而被视为肩负着经济、社会、自然责任的社会经济组织。其次，企业的激励约束制度将发生改变。企业不再关注简单的物质激励和精神激励，更倾向于物质和精神激励的长效结合方式，以真正激励员工、保护员工、关怀员工为己任。在约束制度方面，更侧重于实效性的绩效考核，实事求是，公平利人，人情关系、主观感受等不再掺入考评之中。再次，企业的创新能力增强。在新的企业理念的指引下，企业与企业之间的横向联系加强，与国内外研究机构、高校等的合作与技术交流更加频繁，能够更有效地利用以往的研究成果创造出新型的产品和服务，形成新的良性发展循环。最后，企业的管理重心发生了重大变化。企业更加重视人在企业中的地位与作用，把人作为管理的核心和企业最重要的资源来开展经营管理活动。企业尊重员工、关怀员工，真正从员工的角度、利益去思考问题，赋予员工更大的自主权，使其参与到企业的生产、运营管理之中，更加注重员工与员工之间、员工与企业之间的关系协调，推动企业获得长久的发展。

（三）技术的应用

集约型经济增长的特征是生产效率的提高，其手段主要是应用高新技术或增加机器设备等的投入。集约型经济增长除了其规模、数量、速度外，质量、结构、效益更加重要。科学技术不仅物化在劳动力、物质资本等有形生产要素上，还作为经济增长的独立要素起作用，且不论是硬技术还是软技术，都能带来集约效益。如劳动者的不断智能化，由"体力型"的劳动者逐步变成"智力型"的劳动者；生产工具的不断智能化，对原有生产设备的革新，高效率机器设备的采用；劳动资料的不断智能化，新材料、新能源的开发利用；交通通信工具的不断智能化；等等，都能使生产力各种实体性要素产生质的进步，甚至会带来整个工艺过程的革命性变革，带来生产力系统功能的优化。因而，集约型经济增长方式下重视采用最新的科学技术，以提高生产效率和经济效益。

（四）宏观与微观的关系

不论粗放型经济增长，还是集约型经济增长，都要靠微观实现经济增长，集约不同于粗放之处在于，宏观能让微观按照宏观配置的合理性进行经济增长，而不是宏观控制下的微观的经济增长破坏宏观配置的合理性。在粗放的条件下，宏观计划对微观市场吃不透，并且不能把握各种市场的整体联系，大部分主观决策并没有找到最佳的配置关系，微观经济增长造成的是宏观上的损失。与粗放型相反，集约型的经济增长先要通盘考虑问题，即先要从宏观上考虑配置的合理性，是在集中的宏观配置的合理的基础上再分开考虑微观的经营，是一种统筹考虑的科学安排。

二、人力资源开发模式构建的影响因素

人力资源开发是由开发主体（企业、政府等）、众多的执行主体（企业、研究机构、高等学校等）以及监督主体所组成的一个庞大、复杂的巨系统，涉及众多部门、众多的利益群体、众多的领域。由于人力资源系统的复杂性，其人力资源开发实质上也是一项典型的复杂系统工程。在这一节，本文应用系统工程方法论——物理-事理-人理（WSR）系统方法论，分析了人力资源开发模式构建的影响因素。

（一）物理-事理-人理系统方法论原理

物理-事理-人理系统方法论是顾基发教授与朱志昌博士提出的一种软系统方法论，是一个包含许多方法的总体方法，是众多方法的综合统一。

在观察和分析问题时，尤其是观察分析带有复杂特性的系统时，WSR体现其独特性，并具有中国传统的哲学思辨；根据具体情况，WSR将各种方法进行条理化、层次化，起到化繁为简之功效，属于定性与定量分析综合集成的东方系统思想。它认为人

们在认识和改造复杂的对象时，要综合多种知识、工具和方法，加强人与人之间的沟通和协调，知物理，晓事理，通人理，取得最佳的实践活动。

物理主要涉及物质运动的机理，通常用到自然科学的知识，主要回答"物"是什么的问题，需要的是真实性；事理是做事的道理，主要解决如何去安排这些物，通常用到管理科学方面的知识，主要回答怎样去做的问题；人理是做人的道理，处理任何事物都离不开人去做，以及由人来判断这些事和物是否得当，通常要用到人文社会科学的内容，主要回答应当如何做的问题。实际中处理任何事和物都离不开人去做，而判断这些事和物是否得当也由人来完成，所以系统实践必须充分考虑人的因素，即主要研究相关利益主体之间主观上的相互关系问题。

WSR 系统方法论认为，在处理复杂问题时，既考虑对象系统的物的方面（物理），又要考虑如何更好使用这些物的方面，即事的方面（事理），还要考虑由于认识问题、处理问题、实施管理与决策都离不开的人的方面（人理）。把这三方面结合起来，利用人的理性思维、逻辑性和形象思维的综合性与创造性，去组织实践活动，以产生最大的效益和效率。

（二）人力资源开发的影响因素分析

人力资源是一个复杂的有机的结构系统，它的形成与发展是一个不断衰退、不断更新与不断生长的过程。这一特征是由人力资源所处的时代特征和组成人力资源的素质特征决定的，因此决定了对它的开发需要一种全面与系统的开发工程形式。从这一点来看，"物理 - 事理 - 人理"系统方法论同样可以应用于人力资源开发。在整个复杂的开发过程中，物、事、人相互作用、相互依存，片面强调任何一个方面，必将影响整个活动的实效性，甚至会导致整个活动的失败。因此，人力资源开发是在物理 - 事理 - 人理系统论的指导下，有机地协调物、事、人之间的关系，充分地发挥系统各部件的作用，进而达到理想的目标。

如果把系统中存在的人力资源数据、资金投入数据、数据采集及统计过程看成物理，那么如何把人力资源开发的目标实现，有效地辅助中央的决策，实现经济增长方式的转变，从而提高国家竞争力，就是事理。考虑到对物理、事理的理解、实施都离不开人，以及人际关系的协调，这就是人理。人理主要考虑到人的因素，研究人理既要能汇聚各个方面的智慧，还要照顾到各方关系的协调，同时突出强调人理是以物理与事理为基础。当然，物理、事理、人理都是围绕着中心点—集约型经济增长而运行的，受到集约型经济增长要求的制约。

（三）人力资源开发模式——动态优化模式

在集约型经济增长方式下，传统的人力资源开发模式必须有所变化。本文构建了创新形式的人力资源开发模式——动态优化模式。

在这种模式中，由教育机构培养的人力资源毕业后，进入人力资源市场，寻找各种适合自身条件的用人信息。同时企业跨过人才市场，直接到学校招聘，寻找自己需要的人才，人才也直接通过校园招聘寻找适合的对口单位。在招聘过程中，企业通过更新招聘理念、改变招聘依据、完善招聘流程、应用更多的招聘方法和技术、提高招聘人员的素质等措施，力求在尊重应聘者的基础上找到适合本企业的人员。就培训而言，企业通过内部和外部（教育机构对企业开设的培训班、人力资源市场上的培训机构）的培训机构为员工提供培训活动，在资金、技术、人员等方面保障培训活动的高效运行。从另一个角度讲，培训也成为一种激励的方式。在人力资源市场运行过程中，政府只充当监管者的角色，从市场整体规模、市场布局、各种层次市场的完善等方面进行调控，给市场以自由运行的空间，同时确保其不偏离正常的轨道。由于人力资源市场的完善发展，政府得力的宏观调控措施，各种类型企业的有效运行，人力资源失业问题得到有效解决，避免了人力资源的过度闲置和浪费。当然，在这种模式中，企业的激励绝不仅限于培训，在物质激励和精神激励相结合的基础上，多种激励方式并行，调动人力资源的工作热情。

从系统角度看，集约型方式下的人力资源开发模式，涉及彼此紧密关联的五个方面，即招聘、培训、配置、使用和激励，而每一方面的效果取决于相应载体的开发程度。合理的招聘方式能够促进人力资源的合理配置；合理的配置方式又会促进对人力资源的合理有效的使用；对人员的培训又同时会促进招聘质量的提升、人员素质的提高，为人力资源的再就业提供保障，同时也是人力资源激励的方式之一；激励方式的合理使用又对人力资源产生一定的吸引力，为其择业提供了方向，促进人力资源的使用，同时会进一步调动已就业人力资源的工作积极性，实现自身的价值。在这种整合关系中，每一种人力资源开发方式发生了变化，分别发挥着不同的作用。招聘从"盲目型"转化为"规划型"，培训从"有限投资型"转化为"多维投资型"，人力资源配置从"不完善配置"转化为"市场在国家宏观调控下起基础性作用"，使用从"有限使用"转化为"充分使用"，激励从"有限激励"转化为"物质、精神激励"的权变方式。

结束语

  我国已经处于经济全球化时代，各国之间的交流与合作逐渐增加，为使我国取得更好发展，有关部门需提高对人力资源管理的重视程度，让管理模式更具有效性与竞争性。因此，本书通过对人力资源管理推动经济发展的分析与研究，发现人力资源管理推动经济发展的意义，并提出人力资源管理推动经济发展的模式，以及培养专业人才要同社会发展要求相一致，应与时俱进，为后续相关工作提供指导和参考，以促进人力资源管理的可持续发展。

  人力资源属于社会发展的基本条件，事物在发展期间，人们始终具有主导地位，若是按照国家角度看，运用人力资源时的高效程度可以在一定意义上对国家经济与社会发展产生影响。有效管理和合理开发人力资源，可以保证资源得到高效使用，结合人民群众的劳动和智慧推动经济发展。在此期间，需将人们的认知、思辨与适应等能力提升，充分发挥人力资源拥有的优势。根据我国现阶段的发展现状展开分析，经济发展已经属于常态化，不断升级与优化的产业结构可以确保合理、科学地运用人力资源，防范与解决由于经济发展不均衡而出现的问题。在经济全球化的情况下，不断增加的国际合作与竞争、多边贸易等在本质上看均为经济实力与科技之间的竞争，但大部分依然属于人才竞争，在优秀人才不足时，很难促进经济发展。因此，经济发展属于人才发展的前提。